돈과 행운을 부르는
정리의 비밀

야마다 히로미 지음 | **이소영** 옮김

WILLCOMPANY

돈도 많이 벌고 행복해지고 싶다. 누구나가 마음에 품고 있는 이런 바람을 현실로 만들기 위해 간단하고도 즐겁게 실천할 수 있는 강력한 방법이 있다면, 여러분은 놀라실까요?

그 방법이란, 지금 살고 있는 집을 정리하고 바꾸는 것입니다.

저는 인테리어 설계사, 심리 카운슬러 그리고 룸 테라피스트로서 지금까지 수많은 고객의 방을 바꾸어 왔습니다. 그 결과, 99% 이상의 사람들로부터 '인생이 좋은 방향으로 바뀌었다'라는 기쁜 소식이 왔습니다.

방 정리 혹은 개조로 인생을 바꾸는 방법을 저는 '룸 테라피'라고 부릅니다. 방의 모양을 바꾸고, 정리하고, 청소로 깨끗하게 유지하는 것으로 당신이 끌어안고 사는 생활 속 문제를 치료한다는 의미의 조어입니다.

룸 테라피는 금전운 향상에도 큰 힘을 발휘합니다. 실제로 고객들로부터 이런 소식들이 들리지요.

"월급이 올랐어요!"

"가게 매상이 몇 배로 뛰었어요."

"뜻밖의 부수입이 생겼어요!"

어떻게 이런 일이 일어날 수 있을까요? 그 이유는 이 책에서 차차 설명하겠지만, 핵심은 '셀프이미지'입니다. 당신이 품고 있는 자기 자신에 대한 이미지로 금전운을 비롯한 행운과 불운이 좌우됩니다.

그리고 셀프이미지의 형성과 변화에 중요한 역할을 하는 것이 지금 살고 있는 집과 방의 모습입니다.

인간의 심리에 큰 영향을 미치는 실내환경을 특정 과정을 거쳐 바꾸어가면 사람의 마음도 바뀝니다. 마음이 바뀌면 행동이 바뀌고, 행동이 바뀌면 습관이 바뀌며, 일상적인 습관이 바뀌면 인생이 바뀝니다.

이 책에서 소개하는 룸 테라피를 오늘 당장 시작해보세요. 그리고 경제적·심리적으로 풍요롭고 행복한 인생을 손에 넣으세요. 당신으로부터 행복한 소식이 올 날을 즐겁게 기다리고 있겠습니다!

야마다 히로미

CONTENTS

제 1 장 돈과 행복이 날아드는 룸 테라피

제 2 장 장소별 룸 테라피

제 3 장 고민별 · 목적별 룸 테라피

제4장 행운체질로 바뀌는 행동과 습관의 기술

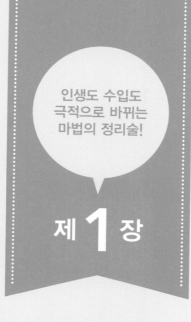

인생도 수입도
극적으로 바뀌는
마법의 정리술!

제 1 장

돈과 행복이 날아드는 룸 테라피

돈과 행복을 끌어모으는 방?
무엇부터 시작해야 할까?
심리학과 인테리어가 만난
룸 테라피의 기본 레슨

1 돈이 모이는 방의 3원칙

룸 테라피란 주거공간을 일정한 법칙에 따라 아름답게 정리하는 것으로, 당신에게 성공과 행복을 가져다주는 방법이다.

당신은 10억 원을 숫자로 술술 써내려갈 수 있는가? 0이 몇 개인지 세어가며 겨우겨우 정답을 찾아낼지도 모른다. 단언컨대, 막힘없이 술술 쓸 수 있는 사람은 드물 것이다.

돈과 금전운에 관해 이야기할 때 '얼마 정도 생기면 좋을까요?'라는 질문에 많은 사람이 '10억 원'이라고 답한다. 그런데 10억 원이라는 숫자를 막힘없이 써내려가지 못한다면 그 사람은 아직 그 돈을 가질 준비가 되지 않았다. 10억 원이라는 숫자와 이미 연이 닿은 사람은 매끄럽게 그 숫자를 써내려간다. 사람은 자신이 구체적으로 떠올릴 수 있는 것만 손에 넣을 수 있기 때문이다.

돈과 운을 끌어모으는 프로세스

1. 원하는 미래를 선명하게 떠올려보자.
2. 떠올린 이미지를 바탕으로 즐겁게 벽을 정돈한다.
3. 벽이 잠재의식에 영향을 미쳐 생각과 행동이 변한다.
4. 방 전체가 정돈되고 돈과 행운이 날아들어 꿈이 이루어진다!

돈도 행운도 받아들일 준비가 된 곳으로 모여든다. 뒤집어보면 받아들일 준비가 되지 않은 곳에는 발길을 하지 않는다.

'그 준비를 대체 어떻게 하는 거죠?'

자신이 돈과 운을 손에 넣기에 어울리는 사람이라고 강하게 믿고 이미지화하는 것이 바로 그 준비로 이어진다. 가장 손쉽고도 강력한 방법이 지금 사는 집을 정리하는 것! 우선 다음의 3원칙을 머리에 새기자.

① 인생 스토리의 70%가 벽에서 결정된다.

② 벽이 깨끗하면 방이 정돈된다.

③ 거울이 수입을 결정짓는다.

다음 페이지부터 이 3원칙을 바탕으로 운이 열리는 정리의 기술에 대해 구체적으로 알아보자. 방은 당신의 꿈이 이루어지는 장소, '마법의 상자'이다. 방이 바뀌면 사람이 바뀌고 미래가 바뀐다. 자, 이제부터 룸 테라피의 마법으로 원하는 미래를 열어보자.

2 인생 스토리의 70%는 벽에서 결정된다

벽을 정리하면 꿈꾸던 부자의 삶, 일에서의 성공 등
인생의 모든 것이 마음먹은 대로 이루어진다.

방에서 생활하는 동안 사람들 시선의 70%는 '벽'에 가 있다. 손에 든 커피잔을 보고 있는 것 같지만, 그것은 의식의 일부분에 지나지 않는다. 그 배경에 있는 벽의 이미지가 항상 잠재의식에 작용하게 된다.

의식하며 보지 않더라도 항상 시야에 들어오는 벽은 그곳에 사는 사람의 심리에 큰 영향을 미친다.

예를 들면, 흰 벽은 빛 반사율이 높아 주변을 밝아 보이게 하여 긴장감을 높이므

인생이 달라지는 '벽 정리' 노하우

How To

이상적인 미래의 내 모습, 그리고 내가 살고 있을 법한 방의 모습을 구체적으로 이미지화하여 그 이미지대로 벽을 정리하고 꾸며보자. 벽은 나의 미래를 투영하는 스크린이다!

POINT 1 벽을 가린 잡다한 물건들을 버리거나 수납하여 넓은 벽을 드러낸다.

POINT 2 벽에 걸 것은 신중하게 고르고, 고정위치를 정해두고 지킨다.

POINT 3 벽을 스크린 삼아 행복한 미래의 나를 상징하는 그림, 사진 등으로 꾸민다.

로, 일이나 공부의 집중력을 높이기에 적당하다. 한편, 베이지나 연분홍, 연노랑 계열의 벽은 피부색과 가까워 차분한 감정과 안정감을 이끌어낸다. 붉은 벽은 흥분작용, 푸른 벽은 진정작용을 하며, 귀신의 집처럼 어지럽고 지저분한 벽은 우리 마음에 공포심과 불안을 불러일으킨다.

이처럼 사람은 눈에 보이는 것에 큰 영향을 받으며 산다. 시야의 가장 넓은 부분을 차지하는 벽이 지저분한지 말끔한지, 만족스러운지 아니면 별로 마음에 들지 않지만 참고 사는지 등이 무의식중에 마음 상태를 좌우하는 것이다.

나아가 벽을 스크린 삼아 '이상적인 미래 모습'의 상징을 걸어두고 보게 되면, 뇌에 긍정적인 정보가 인식되어 심리상태와 행동이 달라진다. 그 변화가 당신을 원하는 방향으로 점점 이끌어가는 것이다.

룸 테라피의 핵심인 '행운정리술'은 이 원리를 이용해서 잠재의식에 직접 작용하므로, 강력하고 즉각적인 효과를 발휘한다. 한번 마음먹고 벽을 완전히 정리해버리면 그다음부터는 쉽게 흐트러지지 않으므로, 정리에 서툴거나 게으른 성격의 소유자에게도 딱 좋다. 우선 벽부터 시작하자.

당신이 꿈꾸는 방의 모습은?

미래 인생 스토리의 무대인 벽. '언젠가 꼭 살고 싶은 집'의 예를 찾았다면 벽의 인테리어 연출이나 배색 등을 똑같이 따라 해보자.

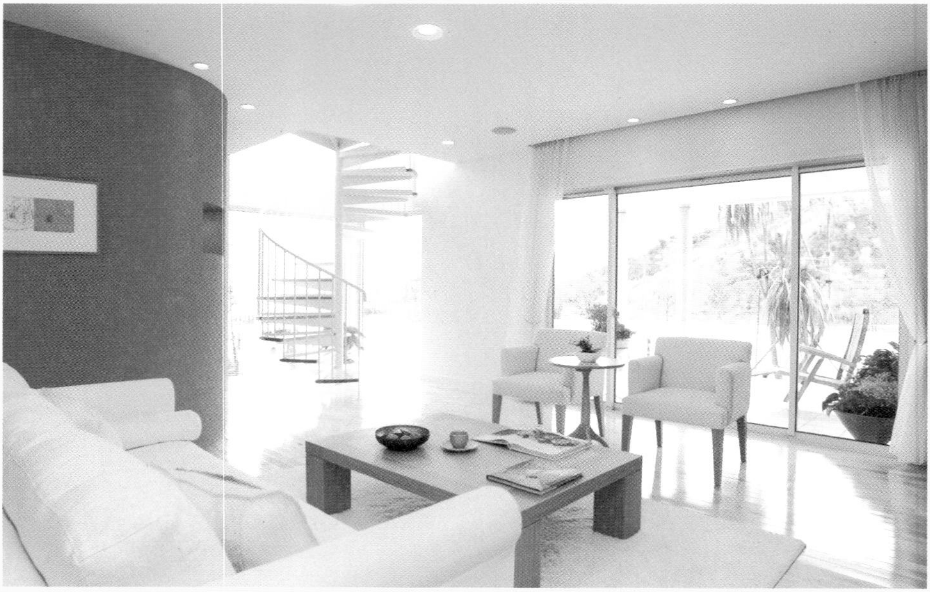

▲▶ 흰색을 기본으로 하여 깔끔하게 꾸민 거실. 목조 인테리어와 색상이 잘 어우러져 밝고 내추럴한 분위기를 연출했다. 모노톤 배색으로 통일하면 심플하고도 세련된 분위기가 완성된다.

▲ 개성 강한 인테리어와 배색으로 발랄하게 꾸민 방. 상식에 구애받지 않고 놀이처럼 즐겁게 아이디어를 적용했다.

▲ 자연의 소재를 사용한 인테리어로 이국적인 이미지의 방이 완성되었다. 색감을 정돈하면 차분하고 세련된 분위기 연출이 가능하다.

▲ 큰 관엽식물과 다양한 색의 패브릭으로 자유로운 분위기를 연출했다. 벽이 깔끔하면 대담한 인테리어도 시도해볼 수 있다.

▲ 베이지와 연분홍이 어우러진 우아한 분위기의 방. 여성적인 따뜻함과 안락함이 감돌아 무심코 오래 머물고 싶어지는 분위기가 되었다.

▲ 가구를 어두운 톤으로 통일하여 차분하고 중압감 있는 분위기를 연출하면서도 포근한 색의 커튼과 밝은 인상의 풍경화로 무게감을 해소했다.

벽 정리와 방 개조의 포인트

CASE 1

벽이 드러나지 않을 정도로 물건이 많다.

쓸모없는 물건을 처분하여 벽을 훤히 드러내 보자. 버리지 못할 것이 많으면 종류와 용도별로 잘 모아서 바구니, 상자 등에 넣어 보이지 않는 곳에 수납한다.

CASE 2

생활의 흔적이 너무 드러난다.

일상의 생활감이 너무 묻어나서 혼란스런 색상이 눈에 들어오는 방. 비슷한 계열의 색상으로 방을 정리하고 색상톤을 단순화시키는 것은 초보자도 성공하기 쉬워 추천할 만한 인테리어 방법이다.

CASE 3

잘 정리되어 있지만 방이 스산하다.

좋아하는 그림, 사진 등을 걸어 방에 에너지를 불어넣자. 전구색 플로어 램프나 스포트라이트 램프로 벽을 비추면 한층 멋스럽고 분위기가 깊어진다.

그림과 사진은 꼭 액자에 넣어두자!

FRAME

● 좋아하는 그림이나 사진

보는 것만으로도 마음이 밝아지고 생기가 도는 기분 좋은 그림을 벽에 걸어보자. 긍정적인 에너지를 준다면 어떤 그림이든 OK!

● 아름다운 풍경 사진과 포스터

언젠가 꼭 가 보고 싶고 살아보고 싶은 동경의 장소, 마음을 쏙 빼앗는 아름다운 풍경 사진도 좋다. 엽서나 스냅사진과 같은 작은 크기보다는 어느 정도 크기가 있는 것이 효과가 있다.

● 아이들의 작품

그림, 붓글씨 등 아이들의 작품을 벽에 걸어두는 것은 좋지만, 꼭 액자에 담아두는 것이 포인트다. 이것이 아이들에게 보내는 '러브레터'가 된다. 이렇게 아이의 등교거부가 개선된 사례도 있었다. 형제자매가 있을 때는 어느 한쪽에 치우침 없이 공평하게 잘 드러나도록 꾸미자.

● 가족사진

가족사진은 아이의 작품과 마찬가지로 평소에 말로 전하지 못하는 생각을 전할 수 있는 아이템이다. '우리 가족 모두 정말 사랑해!'

POINT

액자 없이 붙이면 효과가 없다!

그림과 사진을 걸 때, 액자에 넣지 않고 테이프나 핀으로만 고정하면 좋은 기운을 불러들이는 효과가 없다. 액자는 '창'의 상징으로, 그림과 사진이 담기는 순간 눈에 보이지 않는 행복과 눈에 보이는 환경을 연결해주는 역할을 한다. 다소 귀찮더라도 꼭 창틀 역할을 하는 액자에 담아서 벽에 걸자.

3 거울로 수입이 결정된다!

셀프이미지 강화와 개선에 가장 효과적인 아이템, 바로 거울이다!

깨끗한 벽을 마련했다면 거울을 걸어 당신의 셀프이미지를 효과적으로 강화시켜 보자. 셀프이미지란 자기 자신에 대해 품고 있는 생각으로 '나는 어떠어떠한 사람이다'라는 막연한 느낌이다.

운이 따르고 성공하는 사람은 그에 걸맞은 셀프이미지를 지니고 있다. 사람은 무의식중에 자신의 셀프이미지에 맞추어 행동한다. 예를 들어 '나는 예쁘다'라고 믿고 사는 여성은 평소 옷차림이며 행동에 주의를 기울이게 되어 실제로도 점점 아름다워진다. 반대로 '나는 매력이 없어'라고 믿고 사는 여성은 자기관리에 게을러지므로 점점 더 매력이 없어지게 마련이다.

당신의 셀프이미지, 금전운을 몰아내고 있지 않습니까?

Check!

- ☐ 나에 대해 자신감이 없다.
- ☐ 나는 돈과 인연이 없는 사람 같다.
- ☐ 남들처럼 일하고 평범한 월급을 받으며 살 수밖에 없다고 생각한다.
- ☐ 성공하는 인생에 대해 딱히 상상해 본 적이 없다.
- ☐ 최고급 장소, 화려한 세계는 나와 어울리지 않는다.

해당하는 항목이 있다면 20~21쪽에서 소개하는
거울 활용술로 셀프이미지를 바꿔보자!

금전운도 마찬가지다. '나는 돈이 모여들 만한 가치가 있는 사람이다'라고 믿느냐 혹은 '나는 돈과 인연이 없지'라고 믿느냐에 따라 그 사람의 금전운이 크게 달라진다.

그렇다면 셀프이미지는 어떻게 만들어지며, 이미 만들어진 것은 또 어떻게 바꿀 수 있을까? 거울에 그 해답이 있다. 자신의 얼굴과 모습을 직접 눈으로 볼 수 있는 것은 거울밖에 없기 때문이다. 물론 사진도 있지만, 일상 속에서는 거울로 자신을 볼 기회가 압도적으로 많다.

거울을 볼 때마다 '나는 지금도, 그리고 미래에도 행복할 것이다'라는 셀프이미지를 강화해가면 자연스레 그에 맞게 행동하게 되고 결과가 따라온다.

지금까지 나에게 상담을 받은 사람 중에도 거울의 힘으로 긍정적인 셀프이미지를 만드는 데 성공해서 자신이 원하는 모습으로 성공한 사례가 있었다. 이제부터 거울의 효과적인 활용법을 알아보자.

셀프이미지를 끌어올리는 거울 활용술

SELF IMAGE UP!

STEP 1

세면대의 거울로 매일 아침 셀프이미지를 갱신한다.

매일 빠짐없이 자기를 마주하고 눈으로 확인하는 장소. 기분 좋게 하루를 시작할 수 있도록 거울 주변에 불필요한 물건을 치우고 꼭 필요한 것만 엄선하여 '미래의 이상적인 내가 서 있을 법한 세면대'로 꾸미고, 그 상태로 유지하자. 거울에 비치는 벽과 공간은 반드시 깨끗하게 정리한다. 60~61쪽의 내용을 참고하자.

STEP 2

즐겁게 웃으며 이야기하는 장소에 큰 거울을 둔다.

거울은 '에너지 증폭 장치'이다. 즐겁게 웃으며 식사하는 장면이 거울에 비치면 그 에너지는 2배가 되어 돌아온다. 이 때문에 벽면에 큰 거울을 장식해두는 가게가 많다. 단, 부엌의 가스 불은 거울에 비치지 않도록 주의하여 배치한다. 이는 풍수적으로 좋지 않다.

STEP 3

부엌 싱크대 위나 작업대에 얼굴을 비춰볼 수 있는 거울을 둔다.

얼굴 표정을 밝게 만드는 트레이닝 방법이다. 한창 설거지나 일을 하다 보면 자기도 모르게 시무룩하고 뚱한 얼굴을 하게 된다. 이때 거울을 들여다보며 밝은 미소를 띠도록 연습하다 보면 얼굴 자체가 점점 밝아진다. 행운은 밝은 얼굴, 밝은 기운의 사람에게 찾아온다. 사무실 책상 위나 작업대에서 일할 때도 적용해보자.

STEP 4

아름다운 물건이 거울에 비치게 배치한다.

아름답고 보기 좋은 물건 옆에 거울을 배치해 보자. 만약 거울 속의 풍경이 아름답지 않다면 그 장소는 정리가 필요하다는 뜻이다.

NG

현관에 들어서자마자 정면에 보이는 거울은 금물!

풍수적으로 현관 정면에 거울이나 그림을 걸어두는 것은 좋은 기운을 반사해 달아나게 한다고 하여 금기로 여긴다. 현관 좌우 벽에 거는 것은 OK.

4 벽이 깨끗하면 방이 정돈된다

벽을 정리하면 신기하게도 방 전체가 정돈되기 시작한다. 일단 한차례 정리되어 청소가 쉬워지면 그것이 좋은 기운을 끌어들이는 마중물 역할을 한다.

내가 사는 교토에서는 유서 깊은 가게며 최신 유행의 레스토랑 할 것 없이 청소에 공을 들인다. 언제 가 보아도 가게 구석마다 사람 손이 닿아 반짝반짝하다. 또한, 그날 생긴 쓰레기며 설거지 등을 남겨놓고 가게 문을 닫지 않는다. 부정한 것이 남아 있으면 밤사이 좋은 기운이 달아난다고 믿기 때문이다.

청소와 금전운은 100% 이어져 있다. '돈이 있는 곳에 돈이 모인다'라는 말 만큼이나 '높은 에너지가 있는 곳에 돈이 모인다'라는 말도 사실이다. 청소로 그 공간에 좋은 에너지를 끌어들여 놓으면 돈이 쉽게 들어온다. 높은 에너지라는 표현이 막연하다면 '이유 없이 기분이 좋아지는 쾌적한 상태'를 떠올려보자. 그리고 그 상태를 유지하도록 하자.

에너지 향상을 위한 청소 목록

- 물 쓰는 곳을 깨끗하게 유지한다.
- 쓰지 않는 물건은 버려라.
- 바닥을 깨끗이 닦는다.
- 창문을 닦는다.
- 거울을 닦는다.
- 가구를 청결히 유지한다.
- 수납공간을 정리하여 바람이 들게 한다.
- 쓰레기 처리, 설거지는 다음날로 미루지 않는다.
- 현관을 청소한다.
- 베란다와 배수로를 청소한다.
- 신발장을 청소한다.
- 세탁기 주변을 정리한다.

금전운 향상의 기본. 주방, 욕실, 세탁실 등을 철저히 청소한다.

물건을 쌓아두면 행운의 방문이 더뎌진다.

반짝일 만큼 깨끗이 청소하면 일시적으로 먼지가 잘 쌓이지 않는 상태가 된다.

현관은 에너지가 들어오는 입구. 좋은 기운이 무사통과 할 수 있도록 항상 청결히 한다.

행운의 여신은 베란다나 집 주변을 보고 응원할 사람을 고른다. 창과 배수로 청소도 게을리하지 않는다.

5 버리기의 효과

잡동사니에 둘러싸여 보내기엔 인생이 아깝다.
돈과 행복은 빈 공간으로 들어온다!

좋은 운을 끌어모으려면 '물건을 쌓아두지 않기'를 원칙으로 삼아야 한다.

사람은 빈 공간을 자꾸 채우고 싶어 하는 습성이 있어서, 생활공간에 물건이 점점 쌓여가는 것은 어느 정도 자연스러운 일이다. 하지만 행복한 부자의 집 중에 잡다한 물건이 너저분하게 쌓여 있는 경우는 거의 없으며, 반대로 '돈도 없고 운도 없어'라며 한탄하는 사람의 집을 들여다보면 물건이 넘쳐서 복잡하기 이를 데 없는 '에너지 불협화음 상태'인 경우가 대부분이다.

실제로 쓰레기를 쌓아놓고 사는 집이나 지저분한 집에 사는 사람은 우울증 등 정

남길까? 버릴까? 판단의 기준

Check!

- [ ] 이상적인 미래의 나도 이것을 쓰고 있을 것이다.
- [ ] 이상적인 나로 변신하는 데 필요하다.
- [ ] 나를 행복하게 하는 물건이다.
- [ ] 나를 기분 좋게 하는 물건이다.
- [ ] 돈으로 살 수 없는 추억의 물건이다.

체크 항목 중 하나에도 해당하지 않으면 당장 버려라!

신적인 문제가 있는 경우가 많다. 물건을 많이 쌓아두면 마음에 불만과 스트레스가 쌓이고 점점 더 물건에 집착하게 되는 악순환이 일어난다. 불필요한 것을 쌓아두면 운이 정체되어 인생의 변화도 늦어진다.

근검절약의 정신은 정말 중요하지만 '인생을 바꾸고 싶다, 나를 둘러싼 운을 리셋하고 인생의 흐름을 새롭게 하고 싶다'라고 생각한다면 이번에야말로 결단력 있게 싹 처분해서 행운이 들어올 공간을 준비해두자. 버릴지 말지를 결정하는 기준은 간단하다. '성공한 미래의 내가 그것을 가지고 있을까?'이다. 지금은 쉽게 버려지지 않더라도 '성공한 나'에게는 필요 없다고 느껴지는 물건이 분명히 있을 것이다.

마지막으로, 버림의 미학은 일단 나의 영역에만 적용하자. 버리다 보면 점점 기분이 좋아지며 가족들에게도 이를 강요하고 싶어진다. 강요하지 않더라도 당신이 버리기와 청소로 즐겁게 생활하는 모습을 꾸준히 보여주면 분명 가족에게도 극적인 변화가 일어날 것이다. '가만히 있는 내가 손해 보는 기분인걸?' 하는 생각으로 자발적으로 참여할지 모른다!

6 부자가 사는 방의 공통점

부자가 되고 싶으면 부자를 흉내 내라.
눈에 보이는 것부터 '따라 하기'는 대단히 효과적인 방법이다.

현명한 부자가 사는 집에는 다음의 세 가지 공통점이 있다.

① 물건이 적다.

② 낡은 물건이 없다.

③ 작은 물건을 바닥에 내려놓지 않는다.

'① 물건이 적다'는 의외로 느껴질지 모르나 엄연한 사실이다. 현명한 부자는 자기 옆에 둘 것은 가구든 소품이든 자기 자신의 에너지에 잘 맞는 것만을 엄선하여 사들이고, 아껴가며 사용한다. 물론 기호품을 한가득 수집하는 부자도 꽤 있다. 하지만

드러난 바닥 면적과 수입은 비례한다!

'가구 등 꼭 필요한 것 외에는 물건을 바닥에 내려 놓지 않는다'는 규칙을 오늘부터 실천한다.

이 경우에도 '딱 봤을 때 좋아 보여서, 할인가격이라서, 쓸모 있을 것 같아서'와 같이 그 순간의 기분으로 충동구매하는 경우는 거의 없다. 그렇다 보니 집안에 있는 물건들의 에너지가 안정적으로 조화를 이룬다.

'② 낡은 물건이 없다'는 오래되어 너덜너덜한 것이나 고장 난 물품을 무심코 방치하지 않는다는 뜻으로 골동품, 엔틱가구 등은 별개의 이야기이다. 부자들은 제 역할이 끝나서 가치가 없어진 물건은 말끔히 처분한다. 그들은 물건에 애착을 갖지 집착하지는 않는다. 자기가 좋아하는 것과 싫어하는 것, 필요한 것과 필요 없는 것의 기준이 명확하다. 반면 일반인들은 이 기준이 명확하지 않은 경우가 많다.

마지막으로 '③ 바닥에 작은 물건을 내려놓지 않는다'는 행운을 불러들이고 싶은 사람은 꼭 기억해야 할 포인트이다. 바닥 면적과 그 집의 수입은 비례한다. 보이는 바닥이 넓으면 넓을수록 돈이 더 잘 들어온다. 바닥에 작은 물건이 잔뜩 놓여서 바닥이 거치대 역할을 하는 집은 돈과 연이 멀다.

부자가 되고 싶다면 부자를 흉내 내라. 우선 '물건을 바닥에 내려놓지 않는 습관'부터 시작해보자.

7 심리학을 바탕으로 한 방 꾸미기

룸 테라피란 심리학과 인테리어의 지혜를 융합한 독자적 방법이다.
그 배경이 되는 이론들을 알아보자.

고급 호텔이나 일류 레스토랑에 가면 왠지 모르게 평소보다 자세가 반듯해지고 몸가짐도 단정해지는 그런 경험이 한 번쯤은 있을 것이다. 공간은 인간의 심리와 행동에 큰 영향을 미친다.

심리학자 조지 켈링 박사가 제창한 '깨진 유리창 이론'이라는 것이 있다. 어떤 건물에 유리창이 깨진 것을 방치해두면 그 주변에 깨진 유리창이 점점 늘어나고 쓰레기가 쌓이면서 부근의 환경이 점점 악화된다는 이론이다. 이것을 역설적으로 활용해 성공한 예가 디즈니랜드이다. 아주 작은 흠이나 쓰레기도 허투루 보지 않는다는 규칙을 세우고 철저히 실천하여 행복의 공간을 실현한 것은 유명한 사례이다.

공간의 힘에 의해 좌우되는 우리의 마음. 룸 테라피에서는 조명과 색채가 우리에게 미치는 영향이 핵심이다.

조명이 인간의 심리에 미치는 영향

● 활동일주기(circadian rhythms)

인간이 태생적으로 갖추고 있는 낮과 밤에 따른 하루의 리듬 변화. 실내의 조명을 고를 때는 활동일주기에 맞게 엄선해야 한다. 일이나 공부를 하는 낮 동안에는 태양 빛에 가까운 주백색 형광등 빛이 좋지만, 밤까지 같은 조명을 켜고 있으면 몸이 '휴식모드'에 들어갈 수 없다. 저녁 무렵부터는 오렌지색 빛을 띠는 전구색 조명으로 바꾸어 편안한 느낌을 연출하는 것이 좋다.

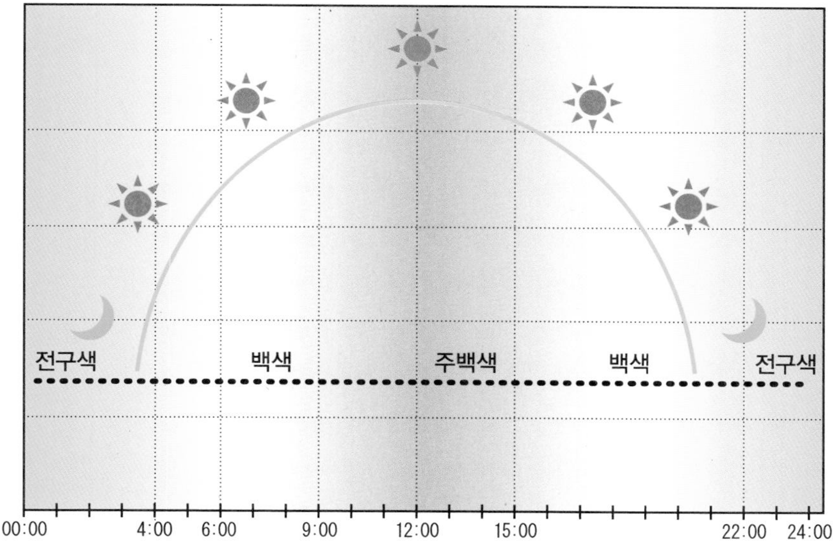

● 사바나(savanna) 효과

사람은 어둠 속에서 오렌지색 빛을 보면 그쪽으로 끌려가는 습성이 있다. 이것은 아주 먼 옛날 어두운 숲 속에서 모닥불을 보았을 때 보였던 반사적인 반응이 잔상처럼 남은 것이다. 가족끼리 좀 더 단란한 시간을 보내고 싶다면 현관, 식탁의 조명을 오렌지색으로 하고 조명의 위치를 되도록 낮게 두는 것이 효과적이다. 이 효과는 손님을 끌어야 하는 점포의 설계에도 널리 활용된다.

색의 효과로 행운이 모여드는 방 만들기

사람마다 각기 좋아하는 색이나 잘 어울리는 색이 다르지만, 기본적으로 공통적인 색깔별 의미나 사람에게 미치는 영향이 있다. 인테리어에서 효과를 발휘하는 색상별 특징을 이해하고 잘 활용해보자.

빨간색

빨간색의 힘?

신경을 활성화하는 효과, 흥분작용. 태양이나 불, 정열 등을 연상시켜 활동적인 인상을 준다.

NG?

침실 등 편안하게 쉬어야 하는 공간에는 피한다. 또한 심신이 지쳐 있는 사람에게 너무 많이 쓰면 색의 힘에 사람이 눌릴 수 있으므로 주의한다.

추천활용법?

식탁보나 테이블 매트 등에 쓰면 식욕을 돋우는 효과가 있고, 식사 중 대화에도 활기가 생긴다. 기운을 얻고 싶을 때는 세면대 거울에 비치도록 거울 맞은편 벽이나, 늘 앉는 장소의 등 뒤처럼 직접적으로 보기보다 은근히 눈에 들어오는 장소에 붉은색이 담긴 그림을 걸어두면 좋다.

흰색

흰색의 힘?

청결, 결백, 정돈 등의 이미지로 깨끗한 것을 좋아하는 사람들이 선호하는 색이다.

NG?

구소련에서는 새하얀 방을 만들어놓고 자백실로 썼다고 한다. 주위가 너무 새하야면 사람은 압박감을 느낀다. 벽이 흰색이라면 따뜻한 느낌이 도는 전구색 조명을 이용해 베이지색에 가깝게 해서 안정감을 더하자. 이런 조명은 방도 더 넓어 보이게 한다. 넓은 흰색 벽에 멋진 액자를 거는 것도 추천 인테리어다.

추천활용법?

빛 반사율이 90%인 흰색은 조명효과가 좋고 공간을 밝아 보이게 한다. 흰색 벽은 사무실, 공부방 등 집중력과 긴장감이 필요한 곳에 알맞다.

추천 활용법?

사무적인 공간, 돈을 다루는 장소 등에 추천한다. 또 하늘색, 옥색 등 옅은 파랑은 마음을 차분하게 하므로 심리상담용 공간에도 적합하다.

파란색

파란색의 힘?

흥분을 억제하고 신경을 안정시키는 효과, 진정작용. 청정, 평화, 평정을 연상시킨다.

NG?

식욕을 감퇴시키므로 식사장소에는 쓰지 않는다. 욕실에 쓰면 온기가 사라져 편안한 공간을 만들 수 없다. 또 침구에도 파란색은 피하자. 여성은 특히 더 주의한다.

베이지, 연분홍, 크림색

베이지, 연분홍, 크림색의 힘?

부드럽고 온화한 평화의 이미지. 아시아인의 피부색에 가까워 더 안정감을 준다.

NG?

휴식 공간에 적합한 색이므로 업무적이거나 긴장감이 필요한 장소에는 쓰지 않는 것이 좋다.

추천활용법?

마음이 편안해지는 색으로, 기본적인 벽의 색이나 가구 색으로 추천한다. 특히 여성의 경우 침대 시트를 이 색들로 바꾸면 냉증 예방에 도움이 된다. 방이 넓어 보이게 하고 여러 가지 색과 조화를 이루는 인테리어의 기본색이다.

그 외 인테리어에 활용하기 좋은 색

검은색 차분하고 엄숙하며 고급스러운 분위기가 연출되나 부정적인 기분을 유발하기도 한다.

갈색 긴장을 완화하고 마음을 안정시키는 색. 따뜻한 조화의 색이다.

노란색 기분이 밝아지며 기운을 북돋우고 행복감을 주는 색이다.

초록색 안심, 안정감, 조화, 자연을 상징하는 색. 힐링과 릴렉스 효과가 있고 눈도 편안해진다.

ADVICE

색에도 무게와 온도가 있다. 그러므로 천정을 흰색, 벽을 베이지색, 바닥은 갈색 등 중력을 거스르지 않는 색 배치를 해야 기분전환 및 진정 효과가 높아진다.

8 풍수는 무시해도 괜찮다?

'운이 모이는 집 만들기'라고 하면 풍수를 먼저 떠올리는 사람이 많을 터. 하지만 룸 테라피는 풍수와는 조금 다르다.

룸 테라피는 기본적으로 심리학을 바탕으로 하며, 풍수는 향신료처럼 곁들인 정도로 본다. 구체적으로 '예부터 전해져 내려오는 것', '경험을 통해 실제로도 좋은 결과를 이끌어낸 것', '마음을 편안하게 해주는 것'만을 쏙쏙 뽑아냈다.

나는 직감이 가장 정확하다고 믿는다. 사람이 지닌 감각 중 여섯 번째 감각인 직감은 의외로 날카롭고 정확하다.

풍수에는 해야 할 것과 하지 말아야 할 것에 대한 상세한 가르침이 있다. 하지만 우리는 자신의 감각을 믿고 '느낌 좋은 것'과 '감이 오는 것'을 골라서 지속해보자. 그렇게 자신에게 맞는 '나만의 풍수'를 하나씩 발견해서 효과를 보는 것이다!

야마다 히로미 식 풍수법

● 현관 근처에 돈을 상징하는 물건을 둔다

풍수에서는 돈과 물이 같은 파동을 지닌다고 본다. 물은 높은 곳에서 낮은 곳으로 흐르므로, 물이 머물기에 어색하지 않은 낮은 위치이면서 현관과 가까운 곳에 돈을 상징하는 물건을 두어 금전운을 향상시킨다.

● 본명궁(本命宮)으로 행운 찾기

풍수에서는 본명궁이라고 하는 숫자가 있다. 쉽게 설명하자면, 사람마다 다른 행운의 포인트를 숫자로 그룹 지어 놓은 것이다. 그 사람의 본명궁 별로 행운의 방향과 합이 좋은 숫자가 있으므로 인테리어에 활용해보자. 나 또한 숫자의 길흉을 따져서 그 방향을 향해 앉아 일한다. 본명궁에 대해서는 34~35쪽에서 상세히 알아보자.

ADVICE 소금을 사용한 청소

소금은 정화의 에너지를 지니고 있어 액운을 몰아낸다고 전해진다. 일본에서는 예로부터 '모리지오'라고 하여 음식점 등에서 재수를 빌며 문간에 소금을 놓아두었다. 자연의 소금(해염, 암염 등)을 사용한 청소를 해보자.

바닥청소를 할 때 물걸레를 담그는 양동이에 소금을 한 줌 섞어 넣고 이를 짜서 구석구석 닦는다. 마른 바닥에 소금을 확 뿌린 후 청소기로 빨아들이는 방법도 있다. 매번 이렇게 하긴 어렵겠지만 가끔씩 소금 청소를 하면 나쁜 기운이 달아나고 좋은 기운이 몰려올 것이다.

'본명궁'이란 무엇일까?

풍수 사상을 바탕으로 한 본명궁. 괘수(卦數)라고도 하는 이 숫자는 출생연도를 이용해 방위의 길흉, 궁합 등을 알아내는 데 쓰인다.

산출방법

여성

① 출생연도의 뒤 두자릿수를 합산하여 한자릿수로 만든다.

② ❶의 숫자에 5를 더한다.

③ ❷의 숫자를 한자리가 될 때까지 더해서 나온 숫자가 당신의 본명궁이다.

남성

① 출생연도의 뒤 두자릿수를 합산해서 한자릿수로 만든다.

② 10에서 ❶의 숫자를 뺀다. 이 숫자가 당신의 본명궁이다.

주 : 출생연도는 표1의 〈태음력 원일 일람표〉를 따라야 한다. 예를 들어 태음력에서는 1987년 1월 29일이 원일(元日, 설날)이므로 그 해 1월 1일~1월 28일생은 '1986년생'으로 보아 계산한다.

예 1987년 1월 25일생 여성의 경우
※표1에 따라 1986년생으로 보아 계산한다.

❶ 출생연도의 뒤 2자리 수를 더한다(8+6=14). 숫자가 1자리만 남을 때까지 계속 더한다(1+4=5).

❷ ①의 숫자에 5를 더한다(5+5=10).

❸ ②의 숫자가 1자리가 될 때까지 더한다(1+0=1).
→ 본명궁은 '1'

● **표1. 태음력 원일 일람표**

연도	태음력 원일
1940	2/8
1941	1/27
1942	2/15
1943	2/5
1944	1/25
1945	2/13
1946	2/2
1947	1/22
1948	2/10
1949	1/29
1950	2/17
1951	2/6
1952	1/27
1953	2/14
1954	2/3
1955	1/24
1956	2/12
1957	1/31
1958	2/18
1959	2/8
1960	1/28
1961	2/15
1962	2/5
1963	1/25
1964	2/13
1965	2/2
1966	1/21
1967	2/9
1968	1/30
1969	2/17
1970	2/6
1971	1/27
1972	2/15
1973	2/3
1974	1/23
1975	2/11
1976	1/31
1977	2/18
1978	2/7
1979	1/28
1980	2/16
1981	2/5
1982	1/25
1983	2/13
1984	2/2
1985	2/20
1986	2/9
1987	1/29
1988	2/17
1989	2/6
1990	1/27
1991	2/15
1992	2/4
1993	1/23
1994	2/10
1995	1/31
1996	2/19
1997	2/7
1998	1/28
1999	2/16
2000	2/5
2001	1/24
2002	2/12
2003	2/1
2004	1/22
2005	2/9
2006	1/29
2007	2/18
2008	2/7
2009	1/26
2010	2/14
2011	2/3
2012	1/23
2013	2/10
2014	1/31
2015	2/19

● **표2. 본명궁 별 길방위(吉方位)와 길운원소(吉運元素)**

		1	2	3	4	5	6	7	8	9
생기(生氣) (성공운)	길방위	남동	북동	남	북	북동 서남	서	북서	남서	동
	길운원소	목	토	화	수	토	금	금	토	목
천의(天医) (건강운)	길방위	동	서	북	남	서 북서	북동	남서	북서	남동
	길운원소	목	금	수	화	금	토	토	금	목
연년(延年) (연애운)	길방위	남	북서	남동	동	북서 서	남서	북동	서	북
	길운원소	화	금	목	목	금	토	토	금	수
복위(伏位) (향상운)	길방위	북	남서	동	남동	남서 북동	북서	서	북동	남
	길운원소	수	토	목	목	토	금	금	토	화

※ 상단이 길방위, 하단이 길운원소이다. 원소란 자연계를 이루고 있는 다섯 가지 요소(금·수·화·목·토)를 말한다. 풍수에서 말하는 '오행'에 해당한다. 또한, 본명궁 5에 해당하는 길방위는 남성은 윗줄, 여성은 아랫줄을 참고한다.

● **표3. 길운원소의 의미**

원소	의미	인테리어 활용
금	광물과 금속제품	금, 은, 원형, 메탈 소재, 흰색
수	물과 액체	파형이 있는 것, 파도, 곡선, 액체, 물방울, 구름, 청색, 흑색
화	불과 빛	날카로운 것, 삼각형, 태양모형, 오렌지색, 선명한 노랑색
목	나무와 나무로 만든 제품	직사각형, 나무, 식물, 꽃, 갈색, 녹색
토	흙과 대지	정사각형, 베이지색, 밝은 노랑색

공간에 적용해보자

본명궁이 1인 사람이 연애운을 올리고 싶다면 남쪽으로 머리를 두고 자거나 불과 빛을 상징하는 아이템을 인테리어에 활용한다. 금전운을 올리고 싶다면 표의 '생기(성공운)' 부분을 보자. 다만, 너무 표 내용에 구애받을 필요는 없다. 나를 기분 좋게 하는 인테리어가 언제나 최우선이며 본명궁과 풍수는 어디까지나 '플러스 알파'로 곁들인 향신료처럼 생각하면 된다. 약간의 향신료로 요리의 맛이 배가되듯 길방향을 향해 앉으면 룸 테라피의 효과가 한층 커질 것이다.

※ 이 내용은 공간에 한해서만 유효하므로 옷차림 등에는 적용해도 효과가 없다. 또 악운 방위와 악운 원소라는 것도 있으나 이 책은 길운에 초점을 맞추고 있어서 이를 생략한다.

실천!

인생을 바꾸는 7일간의 프로그램

룸 테라피에 좀 더 쉽게 접근해보기 위해 하루 1개의 과제를 일주일 동안 실행해보는 프로그램을 준비하였다.

1일째 미래의 스토리를 그려보자

룸 테라피에 있어 가장 중요한 것은 '미래의 이상적인 나'의 시점에서 방을 꾸미는 것, 그리고 그 과정을 즐기는 것이다. 지금까지는 '이걸 여기 두려면 이건 버리고…' 라는 식으로 부분적으로 어떻게 정리할지 생각하는 것이 당연한 일이었다. 하지만 이제는 그런 방식은 버리자. 그렇게 부분적으로 정리하다 보면 일이 술술 진행되지 않고 또 '미래의 나'가 아닌 '현재의 나'의 시점으로 방이 정리되어버리기 때문이다.

그러므로 일주일째의 첫날은 '생각의 날'로 삼자. 어떤 방에 살고 싶은가, 어떤 모습으로 살고 싶은가. 이것을 구체화하는 작업을 하루 동안 해보고, 2일째부터는 이를 실천해가는 즐거움을 듬뿍 맛보는 것이다.

종이와 펜으로 미래를 그려보자

종이와 펜을 준비하여 37쪽의 '룸 테라피 사전작업' 3단계를 해보자. 막연하게 머릿속에서만 정리하면 안 된다. 머리를 풀가동하여 가능한 한 구체적으로 세세한 부분까지 이미지화하고 실제로 손을 움직여 종이에 옮겨보자.

이미지, 즉 상상력은 꿈을 이루기 위해 꼭 필요한 열쇠이다. 금전운을 올리고 싶다면 돈을 얼마나 벌고 싶은지 그 수준을 명확히 설정하자. 연봉 1억, 10억도 좋지만 지금의 연봉이 3천만 원인 사람이 갑자기 1억 원으로 끌어올리는 것은 사실 실현 가능성이 낮아서 그 모습을 선명하게 이미지화하기가 어렵다. 꿈과 목표에 제한은 없지만 그 첫걸음은 현재의 내가 너무 어렵지 않게 올라갈 수 있는 가까운 미래의 목표이다.

예를 들어 1년 후 연봉이 배로 오른 모습을 상상해보자. 그때의 나는 어떤 물건을 쓰며 어떤 방에서 생활하고 어떠한 하루를 보내고 있을까?

오늘의 할 일 – 룸 테라피 사전작업

1 갖고 싶은 것, 이루고 싶은 것, 되고 싶은 것, 하고 싶은 것을 '나는 ○○한다', '나는 ××이다'와 같이 현재형으로 모두 써내려간다.

2 오늘 내 인생이 끝난다면?
아래 항목에 대해 생각하고 질문의 답을 종이에 써보자.
① 후회스러운 일? ② 하고 싶었던 것? ③ 되고 싶었던 것?
④ 꼭 도전하고 싶었던 일? ⑤ 고마움을 전하고 싶었던 사람?

3 1, 2단계를 통해 써내려간 내용을 모두 이루어낸 자신의 모습을 이미지화해본다. 그때의 나는 어떤 집에 살고 있을까? 거실의 모습과 주방의 모습, 세면대나 욕실에는 어떤 물건이 놓여 있을까? 그 모습을 가능한 한 구체적으로 생각해서 글자나 그림으로 표현해본다.

2 일째 벽부터 정리하자

오늘의 할 일

- 벽이 깨끗하게 드러나도록 물건을 정리하자.
  (우선은 손대기 쉬운 것부터, 어디부터 시작해도 OK!)
- 정돈된 벽에 그림이나 사진 액자를 걸어 장식하자.

나와 내 가족의 시선이 항상 향하는 벽부터 깨끗하게 정리한다. 벽 선반 위에 물건이 잡다하게 쌓여 있다면 일단 시원하게 드러내자. 억지로 물건을 버릴 필요는 없으며 딱 보아 깨끗하고 기분 좋은 인상이 되면 충분하다. 정리하는 동안 좋아하는 음악을 틀어놓고 흥겹게 몸을 움직여보자.

벽 정리가 끝났다면 그곳에 그림이나 사진을 걸어 꾸며본다. 긍정적인 에너지, 좋은 느낌을 주는 작품을 액자에 넣어 걸어두는 것이 포인트. 일류 호텔 분위기가 나도록 복도나 현관에 걸어두는 것도 좋다.

5일째 화장실을 정리하자

오늘의 할 일

- 바닥에 놓인 것을 모두 치운다.
- 수납공간을 깔끔하게 정리한다.
- 바닥, 변기까지 반짝반짝하게 닦는다.
- 그림, 사진 등을 걸어 여유로운 공간으로 연출한다.

깨끗한 화장실은 행운을 끌어들이기 위해 빠질 수 없는 중요 포인트이다. 5일째는 화장실 변신의 날로 삼고 평소보다 더 정성 들여 청소해보자. 변기 주변에 세제 등을 놓아두는 가정이 많은데, 쓰레기통과 청소 솔 이외에는 모두 다른 곳으로 옮기자. 구석구석 막힘없이 청소하려면 바닥에는 불필요한 것이 없어야 한다. 두루마리 휴지나 청소 도구 등도 최대한 보이지 않게 수납할 방법을 고민해본다.

또 화장실이 너무 썰렁해지지 않도록 벽에 사진이나 그림을 걸어두는 것도 좋다. 제2장의 62~63쪽을 참고하여 정리하자.

6일째 현관과 베란다를 정리하자

오늘의 할 일

- [ ] 현관과 베란다에 방치해둔 물건을 정리하자.
- [ ] 베란다의 배수구를 청소하고 먼지나 흙 등으로 막힌 것을 뚫는다.
- [ ] 현관문과 베란다의 유리문, 방충망을 닦는다.
- [ ] 현관의 타일바닥을 쓸고 닦는다.
- [ ] 신발장 안을 청소한다.
- [ ] 신발은 모두 신발장에 넣는다.

풍수에서는 좋은 기운이 현관과 창을 통해 들어온다고 본다. 실제로 유행에 앞서는 가게, 손님이 끊이지 않는 점포, 호텔 등의 현관은 한눈에 봐도 깔끔하고 멋지다. 6일째인 오늘은 현관, 그리고 베란다를 청소한다.

벗은 채로 던져둔 신발은 신발장 안에 넣고, 신발장 안도 깨끗이 청소한다. 또 현관에 골프가방, 낚시가방 등을 두어 거치대처럼 쓰는 것은 금물! 물건은 각자 위치를 정하여 수납한다. 제2장의 50~51쪽을 참고하여 정리하자. 베란다도 현관과 마찬가지다. 방치해두기 쉬운 배수구에는 흙이나 먼지가 쌓이지 않도록 청소하여 물의 흐름이 막히지 않도록 한다.

7 일째 최적의 장소를 찾아내자

오늘의 할 일

- 가구의 배치나 수납의 '최적의 장소'를 찾아낸다.
- 바꾸고 싶은 그 장소에 메모지를 붙여둔다.

집 어딘가에는 한두 군데, 평소 눈에 거슬리던 포인트가 있을지 모른다. '여기에 이런 게 있으면 좋을 텐데', '이 가구는 여기 두니까 참 불편해'. 이렇게 느껴지는 곳이 있다. 집 개조 7일째는 배치와 수납에 왠지 모를 위화감이 느껴지는 곳, 불편함이 있는 곳을 철저히 색출해내는 것이 목표다.

우선 펜과 접착 메모지를 준비한다. 집안을 돌며 원하는 내용을 써서 그 장소에 붙인다. 예를 들어 컴퓨터 옆에 프린터기를 두고 싶다면 메모지에 '프린터'라고 쓰고 컴퓨터 옆에 붙이는 것이다. 온 집안을 돌며 그렇게 '최적의 장소'를 표시하는 메모를 붙여두자. 이날은 메모지를 붙이는 작업만 완수해도 성공이다.

8 일째 이후

메모지의 내용을 하나씩 실천하며 이상적인 방의 모습에 한발씩 다가간다.

7일째에 붙여둔 메모 내용에 따라 그 다음 날부터 배치를 바꿔나간다. 한 번에 해치우려고 애쓰다 보면 지쳐서 좌절할 수 있으니, 하루 한 곳 정도로 무리하지 않으면서도 포기 없이 실천해나가는 것이 좋다. 물론 중간에 아무 작업도 하지 않는 휴일이 있어도 괜찮다. 한발씩 차근차근, 그 과정을 즐기며 나아가보자!

Before & After, 다른 방 엿보기

룸 테라피를 적용한 실제 방 모습을 소개한다.
당신의 룸 테라피에 참고해보자!

높은 선반과 길게 늘어뜨린 발이 벽 면적을 좁아 보이게 해서 답답하고 안정감이 없다.

선반은 다른 곳으로 치우고 발은 싹 걷어내어 시원한 느낌을 준다. 초록색 식물이 분위기 연출에 한몫을 하고 있다.

Case 1

벽에 있던 답답함을 없애고 카페 풍의 거실로 꾸몄다

[지바 현, K씨 / 30대 여성]

어질러져 있는 것은 아니지만, 왠지 모르게 답답한 인상을 주는 거실. 벽이 훤히 드러나게 한 후 마치 카페 같은 분위기가 나도록 가구 배치와 조명을 바꾸었다. 관엽식물도 벽 근처에 두어 분위기를 더하고 바닥에 놓여 있던 물건은 싹 치웠다.

Case 2

블라인드와 벽 조명으로 촌스러운 창이 대변신

[도쿄, W씨 / 40대 여성]

월넛 브라운 색의 바닥은 멋지지만 은색 알루미늄 창틀 때문에 아쉬웠던 방의 분위기. 우선 목제 블라인드로 알루미늄 창틀을 가렸다. 또한, 창틀 위에 벽 조명을 설치하여 특색 있는 방의 분위기를 연출했다. 조명의 전기선은 블라인드 뒤로 숨겨서 깔끔하게 마무리했다.

옛날 집에서 흔히 보는 은색 알루미늄 창틀. 허전한 느낌을 준다.

블라인드로 창의 분위기를 확 바꾸었다. 벽 조명과 어우러져 멋진 분위기가 연출되었다.

Case 3

적극적인 변화로 원하던 서재의 모습을 실현

[오사카, A씨 / 40대 여성]

인터넷 쇼핑몰을 운영하는 A씨의 방. 일하는 책상 옆에 TV가 놓여 있었는데 일에 집중할 수 있는 공간으로 만들고자 업무 관련 책을 꽂아두는 책장을 마련해서 대변신했다. 항상 시야에 들어오는 벽에는 좋아하는 그림을 걸었다. 공간 개조 후 인터넷 쇼핑몰도 순조롭게 운영되고 여러 가지 좋은 일이 일어나 인생 자체가 호전되었다고 한다.

업무공간과 생활공간의 경계가 모호하다. 벽은 다소 허전한 느낌이 든다.

일터답게 정돈된 공간. 가구의 색을 통일하여 물건이 꽤 많음에도 산뜻하다. 벽에 걸린 그림도 멋지다.

Q & A 고민과 궁금증 해결! 룸 테라피

룸 테라피에 관련된 궁금증과
자주 하는 질문을 모았습니다.

Q 그냥 방을 깨끗이 정리하는 것만으로는 효과가 없나요?

A 이루고자 하는 바람이 있다면 '내가 원하는 미래'를 느낄 수 있도록 생활공간을 꾸미는 것이 중요합니다. 처음부터 미래에 대해 상상하기가 어렵다면 일단은 취향껏 남유럽풍, 북유럽풍 인테리어를 따라 해가며 꾸며도 상관은 없습니다. 하지만 모델하우스처럼 너무 심플하고 깔끔하기만 하면 방이 썰렁하고 스산해서 편안한 기분을 느끼기 어려울 수 있으니 조심하세요. 특히 가족운이나 연애운이 필요한 사람에게 지나치게 정돈된 방은 '사랑하는 사람이 오래 머물러 주지 않는 공간'으로 마이너스 작용을 할 수 있습니다.

Q 미래에 대한 이미지가 너무 막연해요.

A 책 뒷부분(103쪽~)에 이미지력을 향상하여 꿈을 이루는 6단계 작업에 대해 설명해 두었으니 꼭 실천하여 룸 테라피에 도움이 되었으면 합니다. 너무 바쁘거나 귀찮은 일을 싫어하는 당신이라면 '내일 인생이 끝난다면 무엇이 가장 후회스러울까?'라는 자문자답을 해보세요. 질문의 답을 종이에 적고 후회하지 않을 수 있는 생활방식에 대해 고민해보면 원하는 미래상을 찾을 수 있을 거예요.

Q 좁은 방, 낡은 집에도 운이 모여들까요?

A 그런 집과 방일수록 오히려 행운 효과는 더 크게 나타납니다. '좁아서 못해, 낡아서 안 돼'라는 생각은 단순한 변명에 지나지 않아요. '쾌적하게 지낼 수 있는 공간'을 목표로 삼고 어떻게 하면 실현할 수 있을지 진지하게 생각해보세요. 집은 정성을 쏟으면 쏟을수록 보답을 해 준답니다.

Q 혼자 사는 원룸이라도 룸 테라피 효과가 있을까요?

A 물론입니다! 대부분 젊은 분들이 원룸 생활을 많이 하는데, 이곳에서 하는 룸 테라피는 행복한 미래를 찾기 위한 레슨이니 안성맞춤이지요. 공간이 좁을수록 집에 둘 물건을 엄선해야 하므로, 최적의 물건을 선택하는 능력을 기를 수 있는 좋은 연습이 됩니다. 청소용구, 조리도구도 용도별로 많이 사지 말고 하나로도 다양한 역할을 할 수 있는 좋은 것으로 고릅니다. '싸게 많이'가 아니라 '고급제품 딱 하나'만 고르는 방식을 습관화하여 행복한 부자들의 심플한 생활에 한발 더 다가가 보는 게 어떨까요?

Q 정리정돈을 너무 못하는 나도 룸 테라피가 가능할까요?

A 정리정돈을 할 때는 '그룹 짓기'를 명심하세요. 눈에 들어오는 대로 적당히 수납하지 말고 종류별, 용도별로 그룹을 지어 수납하는 것이 기본입니다. 예를 들어, 음식도 건조식품, 레토르트 식품, 캔 등 종류별로 깔끔히 모아두면 식사 준비도 한층 빨라지지요. 거기에 '식재료는 싱크대 위 칸, 세제는 아래 칸'처럼 정위치를 정해두는 것이 포인트입니다.

Q 집이 너무 지저분해서 어디부터 손대야 좋을지 모르겠어요!

A 정리할 것이 너무 많아 고민이라면, 그나마 물건이 적은 화장실부터 시작해봅시다. 화장실 내 물건을 최대한 줄여서 청소하기 쉬운 환경으로 만들고, 벽에는 좋아하는 그림을 걸어봅시다. 화장실 정리를 통해 얻은 개운한 기분의 여세를 몰아 다음은 세면대, 그다음은 현관 등, 그나마 간단한 순서대로 진행해나가세요.

Q 룸 테라피를 할 만한 여윳돈이 없어요….

A 물론 고급스러운 물건 장만은 룸 테라피에 긍정적인 영향을 미치므로 권장할 만합니다. 하지만 돈을 얼마나 들였느냐로 룸 테라피의 성공이 결정되지는 않지요. 자신이 바라는 미래의 본질적인 부분을 깨닫고 그 마음을 방 개조에 반영하기 위한 고민이 더 소중합니다. 일단 실천해보고 어떤 변화가 일어나는지 체험해보는 과정이 중요해요. 그 경험을 통해 '에너지가 바뀌는 현상'을 실감해보세요.

Q 방 정리, 방 개조 시에 주의할 점이 있다면?

A 우선은 '청소하기 쉬운 방'으로 만들기. 그러려면 가능한 한 바닥에 물건을 두지 말고, 가구의 배치 시 높낮이가 비슷해야 합니다. 그다음은 동선이 짧아지게 배치할 것. 예를 들어 다리미가 늘 다림질을 하는 방에 있지 않고 멀리 다른 곳에 있다면 두 공간을 왕복할 일이 늘어나겠지요. 용도별로 수납하면 이런 수고로움을 덜 수 있어요. 집 구조와 방 배치에 맞게 효율적으로 움직일 수 있는 위치를 고민해봅시다. 방 정리와 개조 작업에 들어가기 전에 각자 나름대로 설계도를 그리고 그에 맞게 작업하는 것도 좋은 방법입니다.

Q 그림, 사진으로 벽을 감각 있게 꾸미는 비결이 있다면?

A 대부분의 집 현관문은 윗선이 바닥으로부터 180cm, 혹은 200cm 정도에 있습니다. 대형 포스터처럼 큰 그림은 이 높이에 액자 윗선을 맞추면 균형 있게 걸 수 있습니다. 작은 그림과 사진 여러 장으로 벽 장식을 할 때는 각각 균등 간격으로 걸거나, 눈높이에 윗선이나 아랫선 혹은 중심선 중 하나를 나란히 맞추어 거는 것이 포인트입니다.

Q 자녀의 그림 장식은 이미 다 자란 아이에게도 효과가 있을까?

A 물론입니다. 어느 정도 성장 후 그린 작품은 물론, 초등학교, 유치원 등 어릴 때 그린 작품을 꺼내어 걸어두는 것도 좋습니다. 아이가 2명 이상일 때는 공평하게 사랑받고 있음이 전해지도록 액자에 넣은 그림 수나 높이 등을 똑같이 맞춰 주는 게 좋지요. 유소년기는 물론 성인이 된 자녀의 작품도 마찬가지로 무언의 러브레터 효과를 발휘합니다.

장소별
룸 테라피의
비결!

제 2 장

장소별 룸 테라피

벽 정리가 끝났다면
방 전체, 집 전체를 정리해보자.
현관에서 화장실까지, 장소별로
행운을 부르는 공간 만들기의 핵심을 소개한다!

Room Therapy

현관

당신의 행운을 좌우하는 현관.
돈과 행운은 현관을 통해 들어온다!

현관은 우리 집을 방문해준 손님에 대한 환대의 마음을 전하는, 이른바 '집의 얼굴'이다. 밝고 청결한 현관은 사람들에게 좋은 인상을 주고, 기회와 행운을 끌어들이며, 가족에게는 일찍 귀가하고 싶은 마음을 불러일으키므로 가정운에도 영향을 미친다. 그런 현관으로 꾸미고 싶다면 잡다한 물건을 싹 치우고 바람이 잘 드나들게 해야 한다.

신발장 옆에 놓여있는 아버지의 골프가방, 아이들이 귀가하며 던져둔 스포츠가방, 우산 등의 물건을 방치해두기 쉽지만 이것은 모두 창고나 수납함으로 옮기자.

현관 바닥에 신발을 아무렇게나 벗어 두는 것도 주의하자. '신발은 신발장 안에'를 철저히 습관화해야 한다. 또 신발장 위에도 어지러이 물건을 두지 말고 깔끔하게 정돈하자.

Check!

- 구두가 신발장 밖으로 나와 있지 않나요?
- 현관 정면에 거울이나 그림이 걸려 있지 않나요?
- 우산이나 골프가방 등 물건이 현관에 방치돼 있지 않나요?
- 신발장 위에 가족사진을 두는 것은 금물!

구석진 곳은 조명으로 환하게

온기가 도는 전구색 조명으로 현관 구석을 환하게 밝힌다. 밝은 쪽으로 발길이 향하는 사바나 효과로 가족과 손님이 모이는 집이 된다.

그림이나 거울은 좌우의 벽으로

현관 바로 정면에 거울이나 그림이 걸려 있으면 모처럼 들어온 행운이 반사되어 나간다. 측면 벽에 거는 것은 OK!

신발장 안이나 위도 말끔히 정리하자

꽃, 관엽식물 등 행운을 불러들이는 장식물을 복잡하지 않고 깔끔하게 장식한다. 가족사진을 현관에 두는 것은 금물. 가족사진은 거실에 걸어두자.

신발은 신발장 안으로

신발은 무조건 신발장 안에 넣는다. 신발은 행운이 있는 곳으로 나아가기 위해 아주 중요한 아이템. 낡은 신발, 발이 아픈 구두는 당장 버리자. 하이힐처럼 너무 높아서 '달릴 수 없는 구두'를 신으면 모처럼 다가온 운도 놓치게 된다.

Room Therapy

거실

안락하고 평온한 기분으로 지내야 하는 공간. 잘 정리하면 가족에게 긍정적인 파급효과도 단연 최고!

머무는 시간이 긴 거실은 다른 어떤 장소보다 룸 테라피의 효과가 크다. 풍요로운 미래의 당신이 사는 거실은 어떠한 모습일까? 최대한 구체적으로 상상해보자. 상상이 어려운 사람이라면 고급호텔의 멋진 카페를 구경하거나 여러 인테리어 잡지를 참고하여 '이상적인 거실 모습'을 그려보면 도움이 될 것이다.

이상적인 이미지를 완성했다면 눈앞에 그대로 실현해보자(물론 자기 힘으로 실천 가능한 정도까지만 해도 좋다). 흉내 내기는 결코 흉이 아니다. 자기의 이상, 동경하는 모습에 다가가는 최고의 지름길이다. 당장 이를 실천할 여력이 없다면 우선은 가장 마음에 들지 않는 곳부터 하나씩 바꿔나가는 것도 좋은 방법이다.

Check!

- ☐ 벽에 붙은 선반이나 거실장 위가 어질러져 있지 않나요?
- ☐ 혹은, 너무 아무것도 없어서 썰렁하진 않나요?
- ☐ 벽지가 새하얗진 않나요?
- ☐ 밤에도 백색 형광등을 켜놓고 지내지 않나요?

전구색 조명으로 분위기를 부드럽게!

조명을 전구색으로 바꾸는 것만으로도 분위기가 부드러워진다. 또 TV 뒷면 벽을 밝게 비추면 마음이 관대해져서 좋은 기운이 모여들기 쉽다.

액자에 넣은 그림과 사진을 걸자

'미래의 풍요로운 내가 살 집'에 어울릴 만한 액자를 고르자. 큰 작품 1개도 좋고, 크고 작은 여러 개의 작품을 걸어도 좋다. 귀찮더라도 꼭 액자에 넣어 걸어두는 것이 핵심이다.

풍요와 행복이 느껴지는 공간

책을 읽거나 영화를 보는 등 '자기와의 시간'을 얼마나 풍요롭게 잘 보내는가가 행운을 부르는 포인트!

바닥에 물건을 두지 말자

가구처럼 꼭 바닥에 두어야 하는 것 외에 다른 물건은 바닥에 내려놓지 말자. 신문, 잡지, 벗어놓은 옷가지, 자질구레한 잡화들은 꼭 수납함으로!

Room Therapy

식탁

식탁은 가족의 건강과 원만한 관계가 자라나는 장소. 가정운이 이곳에서 시작된다.

온 가족이 모이는 식탁은 조명에 신경을 써야 한다. 릴렉스 효과가 전혀 없는 백색 형광등 대신 온기가 돌고 음식도 맛깔나게 비추는 전구색 조명으로 꼭 바꾸자. 레스토랑이나 카페 등에 있을 법한 낮게 늘어진 펜던트 라이트나 테이블 램프는 식탁에 온화한 기운을 연출해준다. 따뜻한 조명 아래서라면 식욕도 가족 간의 대화도 풍부해질 것이다.

식탁 위의 비닐 덮개는 자칫 천박해 보일 수 있으니 걷어내고, 식욕 증진 효과가 있는 따뜻한 계열의 색으로 식탁보와 테이블 매트를 골라서 깔자. 식탁 옆에는 식사 모습이 비치게 거울을 걸어 운을 끌어 올린다.

한편, 아이에게 식탁에 앉아 공부하는 습관을 들이면 집중력 향상, 성적 향상 효과를 볼 수 있고 부모와 자녀 간의 의사소통도 활발해진다.

Check!

- [ ] 잡지, 메모지 등 식사와 관계없는 물건이 식탁 위에 올라와 있지 않나요?
- [ ] 전구색 조명을 켜고 있나요?
- [ ] 차가운 색상의 식기나 테이블 소품을 사용하고 있지 않나요?

식탁이 비치는 장소에 거울을 두자

가족끼리 정답게 식사하는 광경이 거울에 담기면 즐겁고 행복한 분위기가 두 배로 늘어난다. 단, 가스 불은 비치지 않도록 위치를 조정한다.

테이블 위에는 전구색 조명을

낮게 늘어뜨린 조명이나 테이블 램프 등으로 온기 있는 빛을 비추자. 식탁 위에 풍성한 분위기를 연출하면 가족 간 친밀도가 향상되고 식욕 증진 효과가 있다.

식탁보, 테이블 매트의 색상도 신중히

청색 등 차가운 계열의 식기나 테이블 소품은 식욕을 감퇴시킨다. 빨강색, 오렌지색 등 따뜻한 색상으로 고른다.

Room Therapy

주방

가족의 건강과 체력을 책임지는 장소.
항상 밝은 기분, 웃는 얼굴로 머물자.

생활의 흔적이 가장 많이 드러나는 곳 중 하나인 주방. 우선 수도꼭지를 반짝반짝 빛이 나게 닦는다. 그러면 그 깨끗한 기운이 주변에 파급효과를 미친다. 싱크대 안, 조리대, 배수구…. 점차 그 범위가 넓어지고 주방 전체가 깨끗해질 것이다.

또 주방이 자칫 작업장으로 전락하지 않도록 여러 가지 궁리를 해보자. 미래의 내가 지낼 주방을 이미지화해서 우아하게 집안일을 즐기며 해낼 수 있는 환경을 만들어야 한다.

주방용품은 되도록 '보기에도 좋은' 고급스러운 것을 선택한다. 예산이 없어 고민이라면 1000원 샵의 물품이라도 괜찮으니 주방용품의 색상을 통일하도록 노력해보자. 조리도구, 식재료 보관 용기, 바구니 등 형태가 다르더라도 색상만 통일되면 훨씬 깔끔하고 고급스러워 보인다.

Check!

- ☐ 수도꼭지부터 반짝반짝 광이 나게 닦자.
- ☐ 주방용품을 고급스러운 것으로 바꾸거나 색상을 통일하자.
- ☐ 그림이나 꽃처럼 기분이 좋아지는 소품을 두자.
- ☐ 싱크대 위에 거울을 두자.

싱크대 위에 거울을 두자

내 얼굴이 보이는 장소에 거울을 두고 주방일을 하고 있는 표정을 체크해보자. 미소를 유지하다 보면 거울을 볼 때마다 셀프이미지가 향상된다.

좋아하는 소품으로 꾸미자

우아하게 집안일을 하는 자신을 이미지화하며 그림이나 꽃처럼 기분을 상승시켜주는 소품을 놓아둔다.

물 나오는 곳은 금전운과 직결된다

풍수에서는 물과 돈이 같은 파동을 가지고 있다고 본다. 물 나오는 곳을 청결하게 유지하면 기의 흐름이 좋아지고 금전운이 향상된다고 본다.

쓰지 않는 물건은 당장 처분하자

쓰지 않는 주방용품이나 그릇, 짝이 맞지 않는 식기 등은 버린다. 이런 물건들이 있으면 주방이 어지러워지기 쉽다. 조리도구를 멋스러운 것으로 바꾸면서 색상을 통일하고, 쓰지 않는 물건은 쌓아두지 않도록 주의해야 한다.

Room Therapy

욕실

하루의 피곤을 풀고 몸과 마음을 쉬게 하는 곳. 심플하고도 차분한 공간으로 꾸민다.

잘 정돈된 욕실은 심신의 피로를 풀어준다. 곰팡이나 이끼가 끼기 쉬운 장소이므로 각별히 '청소하기 쉬운 상태'로 정리하고 유지해야 한다. 매일 사용하는 샴푸, 비누 외에 사용빈도가 낮은 목욕용품이나 피부관리 제품까지 욕실 내에 두지 않았는가?

매일 쓰는 물건 이외에는 전부 다른 장소로 옮기거나 수납공간 안에 넣어 필요할 때만 꺼내 쓰도록 해서 욕실 내에는 최소한의 물건만 두는 것을 원칙으로 삼자. 물품 가짓수를 줄이고 욕실용품을 같은 계열 색상으로 맞추면 욕실의 인상이 한층 고급스러워진다. 몸과 마음이 휴식하는 욕실이기에 색의 영향력은 더 커지고, 어느 정도 색상을 통일하는 것만으로도 기분이 좋아진다.

Check!

- 쓰지 않는 목욕용품이 놓여 있지 않나요?
- 배수구에 때나 찌꺼기가 고여 있지 않나요?
- 거울이 물때로 흐려져 있지 않나요?
- 수건, 매트의 색도 통일, 또 통일!

전구색 조명으로 편안하게

전구색 조명의 릴렉스 효과를 욕실에도 끌어들이자. 메인 조명은 끄고 은은한 아로마 조명만으로 느긋한 분위기를 연출하는 것도 좋다.

거울과 배수구는 부지런히 청소한다

운과 연관이 있는 이 두 곳은 특히, 항상 깨끗한 상태로 유지한다.

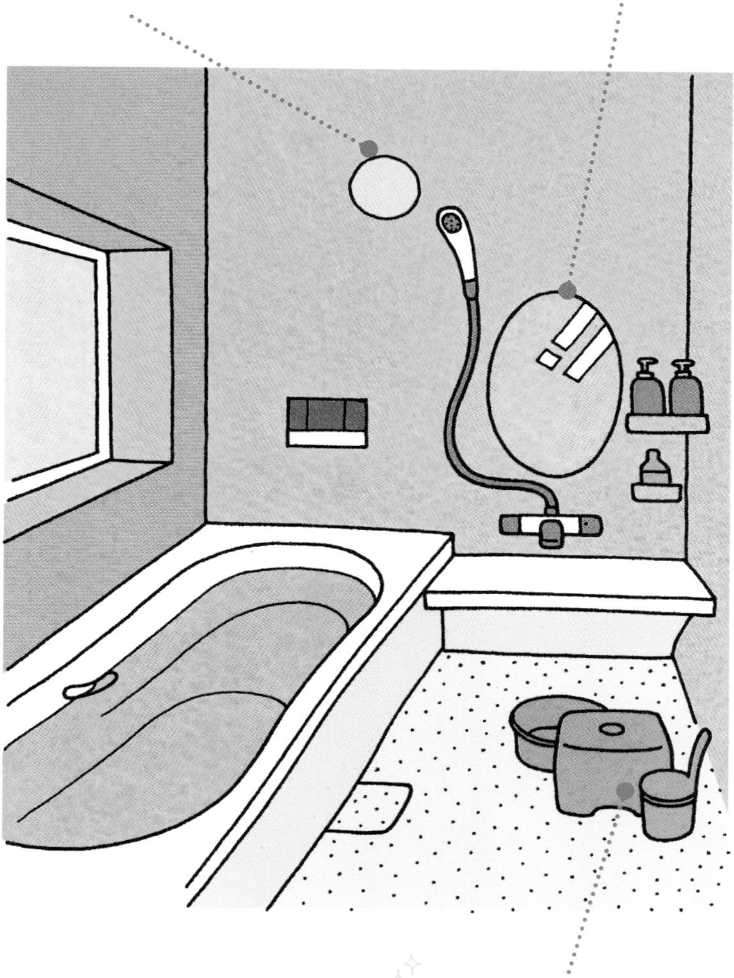

청소용품은 별도의 장소에

욕실 바닥에는 최대한 아무것도 두지 말고 청소하기 쉬운 상태로 유지한다. 청소용품도 별도의 장소에 수납해 둔다.

욕실용품은 꼭 필요한 것만

욕실을 둘러보면 평소 잘 쓰지 않는 것이 의외로 많다. '매일 꼭 쓰는 것만 욕실에 두기'를 원칙으로 삼고 색상도 최대한 통일해서 한눈에도 심플한 공간으로 꾸민다.

Room Therapy

세면대

나의 자신감이 태어나는 곳. 거울에 비치는 배경은 최대한 아름답고 깨끗하게!

칫솔, 컵, 콘텍트렌즈, 헤어용품, 화장품 등 이것저것 복잡해지기 쉬운 거울 앞 세면대. 우선은 세면대 위 물품을 모두 치운다. '나는 어떤 모습이 되고 싶은가?'를 기준으로 '미래의 나'에게 어울리는 용품만 쏙쏙 골라내어 세면대를 미래의 모습으로 탈바꿈시켜 보는 것이다.

물품은 쓰는 것과 쓰지 않는 것으로 나누어, 쓰지 않는 것은 모두 버리고 쓰는 것은 세면대 아래나 수납장 등에 수납하자. 가족이 많아서 세면대 위가 금방 어지러워진다면 아빠, 엄마, 오빠, 동생 등 각자 전용 바구니를 준비하여 그 안에서 정리정돈을 한다. 물론 바구니는 똑같은 것으로 골라 통일감을 주도록 한다.

Check!

- 세면대 위, 너무 많은 물건이 놓여 있지 않나요?
- 쓰지 않는 화장품, 목욕용품, 꽤 많지 않나요?
- 거울에 비치는 풍경이 혼잡하지 않나요?
- 수건의 색과 무늬가 어지럽지 않나요?

거울에 비치는 풍경도 아름답게

세면대 거울에 비치는 풍경은 셀프이미지로서 잠재의식 속에 정착한다. 세면도구뿐만 아니라 주위 전체를 깔끔하게 닦는다.

수건 색상을 통일하자

수건을 전부 같은 색으로 통일한다. 색과 무늬가 제각각이라 어지러우면 에너지의 불협화음이 생겨서 심리적으로 안정될 수 없다.

물 쓰는 곳은 청결하게 유지한다

머리카락 등이 떨어져 배수구가 막히지 않았는가? 물 흐름이 순조롭지 않으면 운도 정체된다. 세면대를 쓸 때마다 가볍게 청소하는 습관을 들이자.

일류호텔을 모델로!

잡다한 물건을 치우고 깔끔하고 아름다운 세면대로 꾸민다. 정리가 서툰 사람은 개인 바구니나 상자를 준비해 모두 그 안에 수납한다. 세면대 근처에 그림이나 사진을 거는 것도 좋다!

Room Therapy

화장실

금전운을 비롯하여 전체적인 운을 끌어 올리는 핵심 장소. 청소가 손쉬워지도록 환경을 정비한다.

'잘 나가는 가게나 회사는 화장실이 깨끗하다'라는 말이 있다. 백번 옳은 말이다. 일반 가정도 구석구석 사람 손이 닿아 깨끗한 화장실은 돈과 좋은 인연을 불러들이고 액운을 쫓아낸다.

매일 화장실 청소하는 것이 힘들지 않도록 화장실 내(특히 바닥)에 불필요한 것을 치워서 청소가 수월한 환경으로 만들어두자. 그렇다고 해서 너무 스산한 느낌이 드는 살풍경이 되는 것 또한 좋지 않으므로 벽에 좋은 그림 하나쯤 걸어두기를 권한다. 단, 달력은 금물이다. 애당초 화장실이란 긴장을 풀고 몸과 마음을 비우는 장소이지 일정을 확인하며 일하는 곳이 아니다. 풍수적으로 보아도 달력 등 숫자가 적힌 물건은 화장실에 두지 않도록 해야 한다. 숫자는 돈을 나타내는 부호인데, 이것이 물에 쓸려 내려가 버리는 이미지가 있어서 금전운을 떨어뜨리기 때문이다.

Check!

- ☐ 청소를 시작하기 어려운 환경은 아닌가요?
- ☐ 벽에 달력이 걸려 있지 않나요?
- ☐ 화장실 청소용 세제나 도구가 바닥에 놓여 있지 않나요?
- ☐ 청결하긴 하지만 너무 썰렁하진 않나요?

너무 허전하고 썰렁해지지 않도록

화장실은 자칫 너무 허전해지기 쉬운 공간. 액자에 담은 그림, 사진 등을 걸어보자. 마음에 담아두고 싶은 명언도 좋다.

수납도 깔끔하게

벽에 선반 등이 달려 있다면 수납물품이 훤히 보이게 쓰지 말고 깨끗한 천이나 한지 등으로 깔끔하게 가려보자. 두루마리 휴지를 위에 올려 둘 때도 멋스러운 바구니, 상자 등에 담아 둔다.

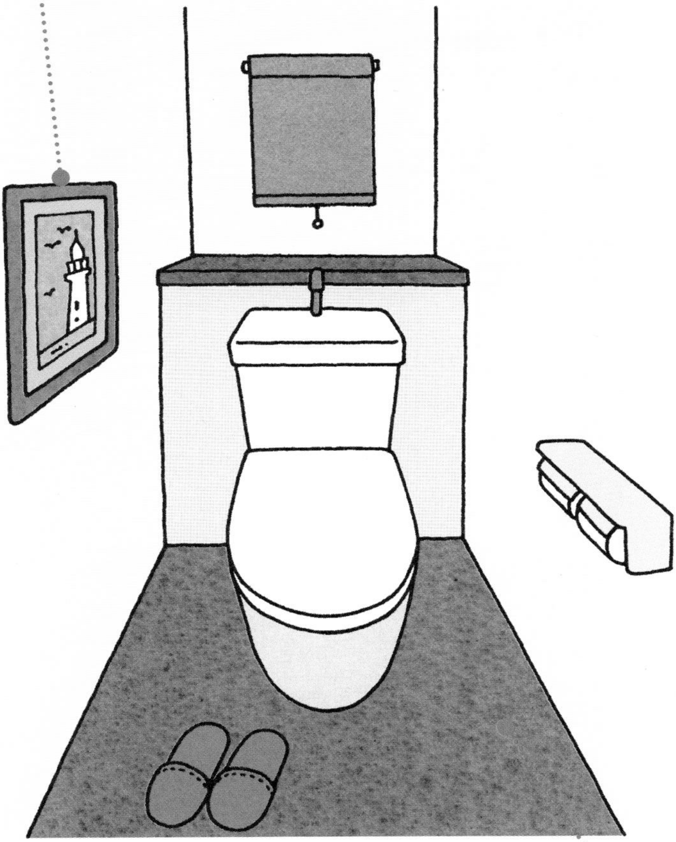

숫자가 쓰여 있는 물품은 금물

달력, 어린이용 구구단 학습표 등 숫자가 쓰여 있는 물건은 화장실에 두지 않는다. 알파벳, 한글 공부표 등도 마찬가지다. 화장실은 일정을 체크하거나 공부하는 장소가 아니다.

바닥에는 물건을 두지 않는다

청소가 수월해지도록 바닥에는 최대한 아무것도 두지 말자. 청소용 세제도 보이지 않는 곳에 수납하도록 한다.

Room Therapy

침실

숙면을 취하지 못하고 오래 자도 피곤이 풀리지 않을 때는 침실을 재정비한다.

포인트는 조명과 침구의 색이다. 침실의 조명이 높은 천정에 달린 백색 형광등 하나뿐이지 않은가? 활동일주기(29쪽 참조)에 따라 잠자기 전에는 노을빛을 닮은 오렌지색 조명을 밝혀 몸과 마음이 휴식모드에 들어갈 수 있게 한다.

또 침구의 색(가능하면 커튼과 벽지까지도)을 차분한 톤으로 통일하면 마음이 편안해진다. 베이지, 연노랑, 연분홍 등 난색 계열의 부드러운 색상이 추천할 만하다. 짙은 빨강처럼 너무 강렬한 색이나 화려한 무늬 등은 신경을 자극하여 흥분상태로 만들며 숙면을 방해한다.

아침에 일어났을 때 가장 먼저 눈에 들어오는 장소에는 '미래의 나'를 상징하는 물건을 놓아둔다. 기상 직후에는 잠재의식이 현재의식보다 우위에 있기 때문에 이상적인 미래 모습을 선명하게 마음에 새기는 데 효과적이다.

Check!

- [ ] 침구는 항상 청결한가요?
- [ ] 침구의 색과 무늬가 너무 화려하지 않나요?
- [ ] 잠들기 직전까지 형광등만 쨍하게 켜놓지 않나요?
- [ ] 눈뜨자마자 보는 풍경이 깨끗하게 정돈되어 있나요?

잠 깨자마자 보는 곳, 어떻게 꾸밀까?

침대 옆 벽, 천장 등 잠에서 깨자마자 눈에 들어오는 장소에 이상적인 미래를 상징하는 그림이나 사진을 걸어두자. 나도 모르는 사이 잠재의식 속에 새겨져 있을 것이다.

머리맡에는 전구색 조명으로

침대 옆에는 꼭 오렌지색의 은은한 조명을 세워두자. 이 색의 파장을 쐬고 나서 잠들면 잠이 더 깊어진다.

침구의 분위기를 통일하자

침구, 커튼, 여유가 있다면 벽지까지. 색상 톤을 통일하면 보다 편안한 침실이 된다. 침대 없이 바닥에서 자는 방이라면 일반 천 커튼보다 블라인드나 롤 커튼을 추천한다.

Room Therapy

복도·계단

가족이 오가는 복도와 계단은 집의 혈관. 그 흐름을 막는 요소들은 걷어낸다.

거실과 방처럼 머무는 시간이 길지는 않지만 복도를 지나다니기가 불편하다면 그 자체로 스트레스와 불만의 씨앗이 되어 행운을 몰아낸다. 실내의 짧은 공간이기에 더더욱 원활히, 기분 좋게 지나다닐 수 있어야 한다.

바닥과 벽에는 물건을 두지 말고 말끔히 치우자. 청소기, 날짜 지난 신문, 행거 등을 놓아 수납 장소처럼 쓰는 집이 있는데, 복도는 벽장이 아니다. 수납을 위한 별도의 장소를 확보하여 복도를 정리하고, 벽에도 수납선반 등이 붙어 있다면 점점 물건이 쌓일 수 있으므로 이 또한 떼어낸다. 현관에서 실내로 좋은 기운이 흘러들어오는 운하의 모습을 형상화하여 복도를 시원하고 쾌적한 공간으로 만들어보자.

Check!

- 통행에 걸리적거리는 요소가 있나요?
- 바닥에 방치된 물품은 없나요?
- 조명이 없어 어두컴컴하진 않나요?
- 늘 안전하게 지나다닐 수 있는 상태인가요?

마음이 풍요로워지는 공간으로

복도도 그림과 사진 하나로 한층 풍요로워질 수 있다. 일류호텔처럼 격조 높은 분위기로 꾸미거나 사랑하는 아이의 그림을 걸어보자.

차분한 조명으로 안전하게

차분한 전구색 조명을 복도 구석, 코너 등에 놓아두면 작은 위험도 사라진다. 특히 야간에는 발밑을 밝게 밝히는 작은 등을 추가하는 것도 좋다.

바닥에 물건을 두지 않는다

복도, 계단은 사람이 지나다니는 공간일 뿐만 아니라 운이 통과하는 길이기도 하다. 막힘없이 물이 흐르는 운하를 떠올리며 통행에 장애가 될 물건은 모두 정리하여 시원한 상태를 유지한다.

Room Therapy

옷장·다용도실

쓰지 않는 물건, 있는지도 몰랐던 물건은 과감히 버리자. 물건이 쌓일수록 운이 정체된다.

수납공간이 많으면 집을 말끔히 정리하기가 쉬워진다. 하지만 수납공간이 많은 만큼 아무래도 쓰지 않는 물건을 쌓아두기도 쉽다. 옷장이나 서랍 안에 있는 것이 모두 꼭 필요한 것이며 빈번하게 사용하는 물건인 경우는 드물 것이다.

일단 옷장과 서랍 속 물건을 싹 꺼내어 총점검하고 쓰지 않는 것은 과감히 버리자. '나중에 찾게 되면 어쩌지…'하는 기분이 분명 들겠지만, 수납장 깊은 곳에 잠들어 있던 짐 중에는 그 존재조차 잊고 있던 물건도 적지 않다. 그런 물건은 앞으로도 절대 쓸 일이 없다. 원래부터 없었던 셈 치고 처분하자. 음식은 배의 80%만 채우라는 말처럼, '수납은 70%까지만'이 기본 원칙이다.

Check!

- [ ] 무용지물 보관창고가 되어 있진 않나요?
- [ ] 수납장 속 물건을 다 파악하고 있나요?
- [ ] 수납공간 한가득 물건을 채워두지 않았나요?
- [ ] 바람이 전혀 들지 못하는 상태는 아닌가요?

공간의 70%만 채우는 수납

수납공간 가득히 꽉 채우는 것은 금물! 행운은 비어 있는 공간으로 스며들어온다. 바람이 잘 들고 물건 전체가 눈에 잘 들어오는 상태로 유지한다.

쓰지 않는 것은 버리자

쓰레기는 쓰레기를 낳고, 고장 난 가구는 고장 난 것을 불러들인다. 그렇게 집안이 점점 황폐해진다. 쓰지 않는 물건을 꾸역꾸역 넣어놓지 말고 당장 버리자.

그 물건, 진짜 마음에 드나요?

정기적으로 옷장 속을 확인하고 그 안에 보관하는 물건들이 정말 '마음에 들어서 쓰고 있는 것'인지 판단한다. 수납물품만이 아니다. 몸 근처에 있는 모든 물건을 볼 때 그 기준으로 판단하는 습관을 들인다.

Room Therapy

아이방

아이가 건강하게 자라는 공간. 성적을 올리고 싶다면 책상 배치에 열쇠가 있다.

아이가 초등학교 저학년일 때까지는 굳이 아이만의 방이 필요 없다. 혼자만의 시간보다 부모와 함께 더 많은 시간을 보내는 것이 중요하기 때문이다.

어렸을 때는 거실이나 식탁에서 공부하는 습관을 들여서 집중력을 길러주자. 조금 더 자라 공부방이 필요한 시기가 되었다면?

학습능력의 열쇠는 책상 배치에 있다. 벽을 향해 앉도록 책상을 벽에 붙이는 것이 아니라, 벽을 등지고 앉는 형태(책상 앞에 빈 공간이 있는 배치)가 좋다. 사장실, 교장실을 생각하면 될 것이다.

등 뒤에 사람이 지나다니지 않는 배치가 공부나 일의 능률을 높여주며 풍수적으로도 '명당효과'를 볼 수 있다. 책상 앞에 빈 공간이 있어야 그 사람이 활약할 수 있다.

Check!

- ☐ 아이의 꿈이 방 모습에 반영되어 있나요?
- ☐ 용도에 맞게 조명을 잘 썼나요?
- ☐ 공부 효율이 높아지도록 책상을 배치하였나요?
- ☐ 아이 방은 청소, 정리에 너무 민감하지 않아도 OK!

벽을 등지고 앉도록 책상을 배치한다

책상 앞에 빈 공간이 있는 배치를 권장한다. 어쩔 수 없이 책상을 벽에 붙여야만 할 경우에는 벽에 풍경화나 풍경 사진 액자를 마치 창문처럼 걸어두자. 진짜 창문이 있다면 그 앞에 책상을 붙이는 것도 좋다. 아이 둘이 함께 쓰는 방이라면 책상을 마주 붙이는 것도 좋다.

용도에 맞는 조명

방 전체는 전구색 조명으로 따뜻하게 비추고 책상 스탠드는 백색 조명으로 환하게 한다. 침대가 같이 있는 방에는 머리맡에 부드러운 오렌지색 조명을 배치한다.

아이의 꿈이 드러나는 장식물

'커서 무엇이 되고 싶니?', '그 꿈을 이룬 후에는 어떤 곳에서 살고 싶니?' 하며 아이의 꿈에 관해 즐겁게 이야기하여 그에 맞게 방을 꾸며보자. 그 꿈과 관련된 포스터 등을 액자에 넣어 걸어두자.

Room Therapy

집무실·서재

내면을 갈고닦아 성공으로 나아가는 장소. 현상 유지가 아닌 미래 도약의 발판이 되는 방 꾸미기.

이루고 싶은 일 또는 좋아하는 분야에서 성공한 자신의 모습을 구체적으로 상상해보고, 그에 어울리는 방과 업무환경을 먼저 현실화시켜보자. 그 환경 속에서 일하다 보면 꿈꾸던 미래가 현실로 다가올 것이다.

인테리어 코디네이터 자격증을 막 취득했을 때의 나는, 일단 독립은 했지만 어떻게 일을 하면 될지 몰라 막연한 상태로 한 치 앞이 보이지 않았다. 그래서 우선은 겉모습부터 따라 해 보자는 생각에 '인테리어 코디네이터는 어떤 방에서 일할까?'를 곰곰이 생각해보았다. 그리고 그때까지 사용법도 몰랐던 견본장(인테리어 내장에 사용되는 자재의 샘플집)을 각종 업체에 주문하여 모두 갖춰놓았다. 그러고 나니 얼마 지나지 않아 첫 일이 들어왔다. 신기하게도 환경을 정비하고 준비를 마치고 나니 꿈이 현실이 되어 돌아온 것이다.

Check!

- [ ] 단순한 작업장이 되어 있진 않나요?
- [ ] 미래에 이루고 싶은 꿈의 공간으로 꾸며져 있나요?
- [ ] 불편하고 어색한 책상과 의자를 쓰고 있지 않나요?
- [ ] 일의 능률이 오르도록 책상 배치가 되어 있나요?

그림과 사진으로 멋스럽게

이상적인 생활, 내가 꿈꾸는 미래. 그 모습이 이미지화된 그림이나 사진, 또는 성공한 미래의 내가 좋아할 법한 그림을 액자 속에 넣어두자.

인테리어의 질도 깐깐히

일에서 성공하여 자기 분야의 정상에 올라 있는 나. 그때 내가 일하고 있을법한 공간을 이미지화하여 책상, 의자, 책장을 고른다. 책장은 철제보다는 목제제품이 좋다.

책상 위는 말끔히

책상 위 비어 있는 면적이 넓을수록 급여, 수입이 늘어나고 새로운 가능성과 기회가 찾아온다.

사장실처럼 꾸미자

70쪽의 아이 방과 마찬가지로 책상 앞의 공간을 비워두는 배치가 좋다. 내가 성공해서 사장이 되었다면? 그 모습을 생각하며 방을 배치하자.

Room Therapy

사무실 책상

성공과 수입에 직결되는 장소. 일의 질을 높이기 위해 효과적인 방법을 소개한다.

직종마다 차이는 있지만 사무실 책상은 아무래도 어지러워지기 쉽다. 책상 정리하느라 일할 시간을 빼앗기면 곤란하므로 일할 때 책상이 어질러지는 건 어쩔 수 없다. 이때만큼은 정리에 연연하지 않아도 된다.

대신 딱 하나, 규칙이 있다. 서랍 하나를 텅 빈 상태로 비워두어야 한다. 그리고 일을 마무리할 때 딱 5분만 정리 타임을 갖는 것이다. 책상 위의 서류, 사무용품을 서랍 속에 싹 정리한 후 퇴근한다. 이 5분 동안에 온종일 바쁘게 돌아가던 머릿속이 정리되고 자연스레 기분전환도 된다. 또 다음 날 아침 말끔한 책상에서 기분 좋게 하루를 시작하여 업무에 집중할 수 있게 될 것이다. 이는 세계적으로 인정받는 사업가, 능력자들이 많이 실천하는 습관이므로 꼭 따라해보기 바란다.

Check!

- [ ] 어지러운 책상을 그냥 두고 퇴근하지 않나요?
- [ ] 개인 물품이 이것저것 놓여 있지 않나요?
- [ ] 일 끝난 후 5분은 정리 타임으로 활용!
- [ ] 컴퓨터 바탕화면 이미지를 활용하여 잠재의식을 강화하자.

바탕화면 이미지는 어떤 것으로?

벽에 그림이나 사진을 걸기 어렵다면 컴퓨터 바탕화면 이미지를 바꿔보자. 꼭 가 보고 싶은 곳, 이루고 싶은 꿈을 연상시키는 이미지를 깔아놓으면 잠재의식 강화 효과가 있다.

잡다한 개인 물품을 두지 않는다

개인적인 취미 아이템이나 담요, 쿠션, 안마기 등의 릴렉스 용품 등, 개인 물품이 너무 많으면 일의 능률이 떨어진다.

일할 때도 긍정 표정 짓기

긍정적인 기분에 도움이 되는 그림, 사진을 하나쯤 세워두자. 거울을 두고 표정을 체크하는 것도 효과적이다. 한창 일하다 뚱한 표정을 짓고 있는 나와 눈이 마주쳤다면 입꼬리를 올리며 긍정 표정을 지어본다. 그렇게 내 기분이 좋아지면 일의 질도 달라진다.

서랍 하나는 텅 비우기

서랍 하나를 항상 비워놓고 매일 업무가 끝난 후 작업 중이던 서류 등을 넣어서 책상 주변을 말끔히 정리한 후 퇴근하자.

Column

가방 속 정리하기

집만큼이나 정리가 필요한 장소, 바로 매일 들고 다니는 가방 속이다. 가방 속 물건을 꺼내어 정리하지 않고 물건을 계속 넣어놓은 채로 쓰면 운이 달아난다. 하루가 끝나고 집에 돌아오면 꼭 가방을 완전히 비우고 가방도 쉬게 하자. 바구니나 상자 등 가방 속 물건을 담아둘 공간을 준비하면 매일 어렵지 않게 습관화할 수 있다.

바쁘고 피곤한 날 무심코 바닥에 던져놓았다가 그 다음 날 그대로 들고 나가기 쉬운 가방. 하지만 한번 속을 싹 비워보면 기분이 말끔해지고 새로운 운이 들어온다. 가방 속의 모습은 그 사람이 지닌 행운의 기준치이며 마음의 거울임을 명심하자.

금전운을 잃지 않으려면 지갑 속도 말끔한 상태로 유지해야 한다. 특히 영수증을 받는 족족 넣어 한가득 쌓이지 않도록 조심한다. 매일 정리하기가 어렵다면 작은 바구니를 준비하여 두고 하루의 마무리 시간에 영수증을 그곳에 모아두었다가 주말이나 월말에 한 번에 정리하는 것도 괜찮다. 식비, 일용품 구입비, 의료비 등 돈의 쓰임별로 구별하는 방법도 있지만 너무 세세하게 나누면 관리하기가 귀찮아져서 유지하기가 어렵다. 일단 영수증을 모아두는 용도로 하나만 준비해서 실천을 이어가는 것이 좋다.

금전운, 성공운,
사업운, 연애운,
가정운, 건강운까지!

제3장

고민별·목적별 룸 테라피

매일 불만스러운 일뿐,
이상하게 잘 안 풀리는
당신의 삶을 확 뒤집어보자.
다양한 고민에 알맞은 행운 어드바이스!

고민

1 일에서 성공하고 수입을 올리고 싶다면

환경도 생각도 현재에만 머물러 있으면 아무리 시간이 지나도 변화할 수 없다. 일단 눈에 보이는 환경부터 바꾸는 것이 발전의 지름길이다.

Point 성공한 미래의 모습을 구체화하여 현재의 내 방에 미리 실현한다.

해결책은 간단하다. 바라는 미래의 모습을 앞당겨 공간에 실현하기. 간절히 원하는 미래의 모습, 그때에 생활하고 있을 공간을 구체적으로 그리고 방을 그대로 꾸며 보자. 더 높은 곳에 도달하고 싶은 바람이 있다면 지금보다 한층 높은 차원의 에너지, 더 많은 행운을 끌어모아야 한다. 에너지도 행운도 그와 어울리는 곳에 모여드는 법. 타임머신을 타고 미래로 이동한 듯 멋지게 방을 꾸미는 것이 성공의 지름길이다.

고민

2 배우자의 월급이 만족스럽지 않다면

남편을 억대연봉자로 만들고 싶다면
이미 억대연봉자인 것처럼 대접해주라.

Point 일이든 취미든 집중할 수 있는
배우자만의 전용 공간을 만들어라.

서재를 마련하면 상황이 급변할 수 있다. 공간이 부족하다면 거실 한편에라도 자리를 마련하여 그곳에 배우자가 좋아하는 물건, 아끼는 소품 등을 놓아둔다. 업무용 자료도 정리하기 쉽도록 수납공간을 확보해 편안히 일에 집중할 수 있는 장소를 마련해주자.

고민

3 새는 돈을 막고 저축을 늘리고 싶다면

'그룹 짓기'를 통해 집안의 물건을 모두 파악한다. 비슷한 옷과 물건이 여러 개?! 어떤 곳에 돈이 새는지 가시화할 수 있다.

Point 마음이 쉴 수 있는 공간에서 나만의 시간을 즐기자.

충동구매로 돈이 샌다는 것은 어딘가 마음에 채워지지 않는 부분이 있다는 증거. 쇼핑을 통해 마음속 외로움이나 불만을 숨겨보려 하는 것이다. 하지만 물건으로 마음이 다스려지는 효과는 아주 잠깐이다. 집안에 마음을 쉬게 할 수 있는 나만의 공간을 만들어 스스로를 다독이는 시간을 충분히 가진다.

고민

4 행운으로 이어지는 만남

긍정 에너지를 발산하는 사람 주변에는 좋은 인연이 모이게 마련. 감사의 말을 입에 달고 지내자.

Point 버리는 물건에도 감사의 인사를 건넨다.

나의 에너지가 밝고 강해지면 그에 맞는 만남이 모여든다. 일단 주변에 쌓여 있는 물건부터 버리고, 사는 공간에 에너지를 채우는 것으로 시작한다. 방을 정리하여 행운이 들어올 수 있는 공간을 만들어두고, 필요 없는 물건을 버릴 때는 감사의 마음을 담아 작별인사를 한다. '지금까지 정말 고마웠어.'

고민

5 연애나 결혼을 하고 싶은 당신

2인용 소파를 장만하고 쿠션, 그릇도 2개 이상을 마련해서 집에 사람을 맞아들일 준비를 한다. 남성적인 느낌의 소품을 하나쯤 놓아두는 것도 효과적이다.

Point

집도 2인용으로 탈바꿈!
너무 어지럽거나 스산해도 NG.

혼자 사는 것에 익숙해지다 보면 집도 어느새 1인용으로 맞춰져 있다. 혼자 지내는 생활에 불만이 없다면 괜찮지만, 옆에 누군가가 있었으면 하는 당신이라면 이제는 집도 2인용으로 꾸며보자. 또한, 연애가 간절하지만 잘 안 풀리는 사람이라면 방이 너무 어지럽거나 지나치게 정돈되어 있을 확률이 높다. 스산한 느낌이 나지 않도록 벽 장식, 소품 등을 고민해보자.

고민

6 아기를 간절히 기다리는 당신

침실이 너무 썰렁하거나 춥지 않은가?
오렌지색 조명으로 잠들기 전 생체 리듬을 정돈한다.

Point **따듯한 난색 계열의 침구로 바꾸어 체온을 유지한다.**

침구의 색이 너무 차가운 느낌이라면 베이지나 크림색 등 피부색에 가깝고 따뜻한 느낌이 드는 배색으로 바꿔보자. 우리가 눈을 감고 있어도 피부는 색을 느낀다. 빛 반사율이 다르므로 우리가 잠든 동안에도 방 안에 있는 색에 의해 혈압이 변화한다는 연구결과도 있다. 마음을 편안하게 하고 체온을 유지해주는 색상으로 침실을 재구성해보자.

고민

7 배우자의 귀가가 늦어 고민이라면

즉각적인 효과를 볼 수 있는 따뜻한 색의 조명을 활용한다. 빛의 각도도 중요하므로, 조명의 '낮은 위치'가 포인트다.

Point **백색 조명을 오렌지색으로 바꾸고, 편안히 머물고 싶은 공간을 연출한다.**

거실과 주방, 침실이 편안한 휴식과 교감의 공간으로 꾸며져 있는가? 집이 너무 밝고 딱딱해서 사무실 같은 느낌을 주지는 않는가? 빛 반사율이 높은 형광등과 흰색 벽 등으로 인해 눈부신 느낌이 들면 안락함이 사라진다. 조명색을 바꾸는 것은 물론 광원이 낮은 위치에 오도록 하여 편안한 분위기를 연출하자.

고민

8 날씬해지고 예뻐지고 싶은 당신

셀프이미지가 향상되면 생각과 행동이 바뀌고 이는 점점 외모에 나타난다. 바꾸고 싶은 부분을 한눈에 들여다볼 수 있는 큰 거울을 활용한다.

전신을 비추는 큰 거울을 마련하자. 드레스룸이나 옷장 근처에 거울을 두고 매일 머리에서 발끝까지 체크하는 습관을 들인다. 샤워 후 전라의 자신을 마주할 수 있다면 더욱 효과적이다. 또 몸을 정돈하고 싶다면 냉장고 안부터 정리한다. 우리는 우리가 먹은 음식으로 이루어지기 때문이다. 몸에 해로운 음식은 버리고 건강한 채소, 과일로 냉장고를 리셋하자. 냉장고도 가끔은 변신이 필요하다!

Point

거울을 효과적으로 이용!
전신 거울로 매일 자신을 들여다본다.

고민

9 가족의 단란한 시간을 늘리고 싶다면

요란한 장식은 피하고 사랑을 담은 사진,
액자 등으로 애정 어린 마음을 전한다.

벽은 '가족에게 보내는 러브레터'를 쓰는 편지지 같은 공간. 아이가 그린 그림, 가족이 함께 찍은 사진 등을 액자에 넣어 벽에 걸어두자. 사람은 누구나 타인에게 인정받고 싶은 욕구를 잠재적으로 지니고 있다. 액자가 걸린 곳에서 은은한 사랑의 메시지가 발산되어 가족의 마음이 따뜻해진다. 이 방법으로 아이의 등교거부가 개선된 사례도 있었다.

Point 그림과 사진으로 가족에 대한 사랑을 전한다.

고민

10 부부관계를 개선하고 싶다면

카메라 광인 남편을 위한 카메라 컬렉션,
남편의 작품을 액자에 담아 걸어둔다.

Point 배우자의 꿈과 관련된 물품을 소중하게 장식해보자.

배우자의 꿈과 관련된 물품을 인테리어에 활용하여 이혼의 위기를 넘긴 사례가 꽤 많다. 이것 또한 '러브레터 효과'이다. 배우자의 마음을 알아주는 인테리어로 인정욕구를 충족시켜주면 관계도 극적으로 좋아질 수 있다. 가까운 사이일수록 '말하지 않아도 알겠지' 하는 마음에 방심하기 쉽지만, 눈에 보이지 않는 사랑을 가시화하여 전달하는 행동은 관계 유지에 꼭 필요하다.

고민

11 몸도 마음도 건강한 아이로 키우기

아이의 공부를 봐주고 아이의 이야기를 들어준다. 부모와 아이가 한 공간에서 오랜 시간을 보낼 수 있는 집으로 꾸민다.

Point

공동 공간에 아이의 자리를 만들어 준다.

어린 시절에 부모와 깊이 소통하고 사랑을 받고 자란 아이는 정신이 건강하고 안정적이며 상냥한 사람으로 자라난다. 그런 아이로 키우고 싶다면 부모와 아이가 함께 많은 시간을 보낼 수 있는 환경부터 마련해야 한다. 초등학교 저학년까지는 부모와 함께 머무는 거실이나 주방의 테이블에서 공부하는 습관을 들이자. 학년이 올라가 개별 책상을 장만하더라도 거실 등 가족 공동 공간에 두는 것이 좋다.

고민

12 일의 능률 높이기

컴퓨터 안에 '미래용 폴더'를 만들어둔다. 책상 위를 말끔히 정리하면 행운이 흘러들어온다.

Point **미래용 폴더로 꿈꾸던 일에 한발 다가선다!**

앞으로 이루고 싶은 일, 하고 싶은 일과 관련된 내용을 모은 '미래용 폴더'를 컴퓨터 안에 만들어두자. 미래의 나는 어떤 일을 할 것인가, 어떤 분야에 도전하고 활약할 것인가. 그 이름을 담아 빈 폴더를 만들어두면 신기하게도 그와 관련된 일과 기회가 날아 들어온다. 일하는 공간에서도 미래 모습을 현실화하는 습관을 들이자.

고민

13 심신의 불안 다스리기

정돈된 방의 청결함을 유지할 뿐만 아니라 창을 열어 환기하는 습관을 들이자. 살짝 위로 향하는 시선이 심신 건강의 비결이다.

Point 시선이 위로 향하는 벽 장식과 인테리어를 고민한다.

시선이 아래로 가 있는 시간이 많지 않은가? 이는 심신 건강에 좋지 않으므로 시선은 살짝 위로 향하도록 의식하며 생활하자. 좋아하는 그림이나 사진을 벽에 걸 때도 시선이 자연스레 위로 향하도록 배치한다. 또한, 잠들기 전 오랫동안 쬐는 컴퓨터, 스마트폰의 블루라이트는 심신 불안정의 원인이 된다. 잠들기 전에는 스마트폰의 자극적인 빛이 아닌 은은한 오렌지색 조명을 쏘이도록 습관화하자.

고민

14 악운을 몰아내기

놀라운 버리기의 효과. 마음을 가볍게 해주는 데 최고이다.
아깝다고 생각 말자. 답답하게 흘러가는 인생이 더 아깝다!

이상하게 일이 잘 안 풀리고 뭔가 모르게 만족스럽지 않은 당신. 이런 기분이 들 때는 큰 맘 먹고 대청소를 하자. 주변을 바꾸면 이러한 불평불만도 사라진다. 옷이 꾸역꾸역 쌓인 옷장, 수납장 안에 넣지 못해 바닥에 쌓인 물건들, 주방 구석에 쌓아 놓고 존재조차 잊었던 식재료…. 망가진 것, 안 쓰는 물건은 싹 다 내다 버리자. 주변이 깔끔해지면 행운은 반드시 찾아온다.

Point 큰 맘 먹고 대청소,
내 주변을 리셋한다!

Column

룸 테라피 체험담

세면대를 바꾸고 나서 예정에 없던 수입이! 간절히 바라던 일도 맡게 되었다. (30대 여성)

온갖 물건으로 넘쳐나던 예전의 세면대. 공간은 한정되어 있는데 이걸 어떻게 일류호텔처럼 꾸미라는 건지. 처음에는 상상이 안 갔지만 막상 해보니 별로 어렵지 않았다. 일단 벽이 깔끔해지도록 싹 치우고 정리하니 서민적인 세면대가 달라 보였다. 그런데 그로부터 얼마 지나지 않아 예정에 없던 꽤 큰 금액의 수입이 들어왔다! 그 덕에 정리가 더 즐거워져서 집안 다른 곳도 점점 깨끗해지던 중, 꼭 맡고 싶었던 일의 의뢰가 들어왔다. 우연일지 모르나 집이 정리된 타이밍에 꼭 들어맞게 일이 생겨 놀라울 따름이었다.

대출을 다 갚고 저축까지! 5년간 사귀었던 사람과 결혼에 성공했다. (40대 여성)

돈이 늘 부족해 전전긍긍하는 현실을 바꿔보고 싶어 룸 테라피에 도전했다. 벽을 보고 앉으면 뭔가 앞이 막힌 듯 답답해서 책상 배치를 벽이 아닌 입구를 향하도록 바꾸었다. 그 외에도 여기저기 넣어놓았던 옷들을 모두 모아 한 곳에 정리하는 등 나름대로 파격적으로 집을 정리했다. 그 후 정말 행운이 찾아온 것인지 수입이 늘어 대출을 다 갚고 저축까지 할 수 있었고, 5년 동안 사귀어온 남자친구와 결혼에 골인했다. 신혼집도 룸 테라피를 적극적으로 활용하여 행복한 나날을 보내고 있다.

룸 테라피가
상승효과를 일으켜서
운이 모인다!

제4장

행운체질로 바뀌는 행동과 습관의 기술

룸 테라피로 환경을 정비하는 한편,
몸에 밴 습관과 의식을 긍정적으로 바꿔 가면
운 상승의 속도가 한층 빨라진다.
당신도 머지않아 자석처럼 운을 끌어들이는 행운체질로 바뀐다!

행운체질이 되어봅시다!

룸 테라피를 실천하는 한편 일상에서의 습관과 행동을 아주 조금 바꾸는 것만으로도 행운을 끌어모으는 힘은 한층 강력해진다.

지금까지 잘 따라왔다면 이제 당신은 룸 테라피로 행복해질 준비를 마쳤다. 룸 테라피가 행복한 부자의 겉모습과 환경을 흉내 내어 그 기운을 자연스레 현실화하는 방법이었다면, 이제부터 알아보는 내용은 우리의 행동과 의식을 바꾸어 운을 불러들이는 효과를 한층 강력하게 해줄 것이다. 이 내용을 꼭 실천하여 독자 여러분 모두 행복해지길 바란다.

누구나 '행복해지고 싶다'라는 염원을 품고 산다. 그런데 이 행복의 시발점, 행복의 해답은 모두 자기 안에 있다. 남을 바꾸어 행복해지거나 행복으로 가는 해답을 찾기

행복한 부자들의 행동에는 공통점이 있다?

- 마음먹은 일은 곧바로 실천한다.
- '어쩌면 좋지?' 하며 망설이는 시간이 짧다.
- 중요한 일은 메일보다 전화로 전달한다.
- 물질보다 시간, 공간, 성장 등 눈에 보이지 않는 것을 얻기 위해 돈을 쓴다.
- 10원도 소중히 다룬다.

는 불가능하다. 아무것도 하지 않고 마냥 기다리는 사람에게 행복한 미래가 제 발로 찾아오길 바라는 것만큼이나 어불성설이다.

'운의 좋고 나쁨은 그 사람의 버릇에 달려 있다'라는 말이 있다. 돈이 많은 곳에 점점 돈이 모여들 듯이, 행운은 행복한 사람에게 점점 모여들고 불행은 스스로를 불쌍히 여기는 사람에게 모여든다. 이제부터 소개하는 내용을 마음에 새겨두고 일상에서 실천하다 보면, 자연스레 행운이 모여드는 '행운체질'이 될 수 있다. 놀랄 만큼 간단하니 오늘부터 당장 실천해보자.

그리고 함께 소개하는 행복한 부자들의 공통점도 꼭 눈여겨보자. 습관을 흉내 내고 따라 하는 것은 결코 꼴사납거나 부끄러운 일이 아니다. 심리학에서는 인간이 성장 과정에서 모델링(모방)을 함으로써 학습·성장이 이루어진다고 보며 이를 '모델링 효과'라 한다. 모방은 훌륭한 자기실현 수단이다.

아름다운 사람, 감사할 줄 아는 사람, 몸가짐이 단정한 사람

'아름다운 사람, 감사할 줄 아는 사람, 몸가짐이 단정한 사람'은 하늘도 돕는다는 말이 있다. 물론 외모뿐만 아니라 마음도 아름다운 사람을 뜻한다. 몸가짐이 단정한 사람이란 복장의 청결함은 물론, 주변의 정리정돈도 잘하는 사람을 말한다. 내면과 외면을 아름답게 가꾸고 감사의 마음을 다른 이들에게 퍼뜨리며, 주변을 단정히 하며 살아보자.

웃는 얼굴로 보내는 시간을 늘린다

나의 민낯, 고유의 표정. 우리는 얼마나 알고 있을까? 의도치 않았는데 무뚝뚝하다는 둥 왜 이렇게 화나 있느냐는 둥 그런 말을 들어본 적은 없는가? '내 이야기인데?' 싶은 사람은 긴장하자. 알게 모르게 소중한 기회를 놓치고 있을지 모른다. 얼굴 표정이 밝아지면 솔직한 자신의 마음을 다른 사람에게 전달하기 쉬워지고 행운도 쉽게 찾아든다.

집 밖으로 나가라

돈도 행운도 밖에서 안으로 찾아오는 법. 모두 다 '사람의 손'을 탄다. 좋은 변화를 일으키고 싶다면 집 안에만 있지 말고 자주 밖으로 나가보자. 집에 있는 동안에는 물론 가족 간 소통의 시간이나 자신과의 대화가 깊어지겠지만, 새로운 바람을 불러일으킬 존재를 만나기는 어렵다. 행운을 몰아오겠다는 적극적인 마음가짐으로 집 밖에 나가보자.

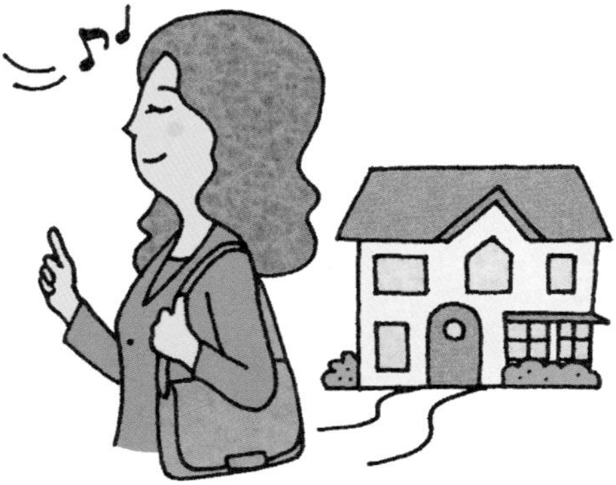

부정적인 상상도 끝은 꼭 해피엔딩으로

왠지 모르게 부정적인 상상만 하는 당신. 그러다 현실이 될 수 있다. 그런 버릇을 고치는 특효약이 있다. '모든 나쁜 상상의 끝에 해피엔딩 덧붙이기'이다. '불행 버릇'이 몸에 밴 사람에게 특히 효과가 크며 해피엔딩의 상상은 조금 과장되고 강렬해도 좋다. 이런 상상이 어렵다면 부정적인 생각 후 바로 '취소, 취소!'하며 나쁜 상상을 지워버리는 이미지를 떠올린다.

감사한 모든 일을 종이에 적는다

주위 사람들에게 고맙다고 느낀 일, 감사한 일은 모두 종이에 적어본다. 감사의 기분을 되짚어보고 그 감각을 온몸에 퍼뜨리는 것이다. 생각만으로 끝내면 안 된다. 실제로 손을 움직여 써보는 것이 중요하다. 이를 매일 습관화하면 더욱 좋다. 그날 느낀 감사의 기분을 일기 대신 써보자.

잠들기 전에는 즐거운 생각만 한다

수면 전후의 생각은 우리의 잠재의식에 큰 영향을 미친다. 제2장에서 '눈 뜨자마자 보이는 풍경'에 대해 이야기했는데, 잠들기 직전의 순간도 그에 못지않게 중요하다. 매일 밤 즐거운 일을 생각하며 잠을 청해보자. 행운은 우리가 잠들어 있는 동안 생겨난다는 말도 있으니, '꿈을 이루어 행복하게 사는 나의 모습'을 상상하며 눈을 감아보자. 당장 오늘 밤부터 시작!

오감을 자극하는 집

룸 테라피를 통해 집이 이상적인 모습을 찾았다면 시각, 청각, 후각, 미각, 촉각의 오감 모두를 자극하는 인테리어 방법을 고민해서 집을 한층 생기 있게 만들어본다. 예를 들어 하와이의 리조트 같은 집으로 꾸몄다면 코코넛 향을 피워보거나, 야자 열매 모양 소품으로 꾸며보는 것이다. 하와이의 음악, 파도소리가 담긴 CD를 틀어놓는 것은 어떨까? 이런 요소들이 모이면 꿈의 이미지가 더욱 강렬해질 것이다.

편리함에 너무 기대지 않는다

효율적인 것이 풍요로움으로 직결될까? 돈을 들여 최신 가전, 편리한 용품들로 집을 꾸미고 싶을지도 모른다. 하지만 아무리 최신 제품이라도 곧 '헌 것'이 된다. 최신, 또 최신 물품을 사들여도 마음의 만족을 얻을 수 없다. 당신이 돈으로 얻고자 하는 편리함이 정말 마음의 행복으로 이어질지 생각해 볼 일이다.

일류호텔에서 부자의 의식주 체험하기

부자가 되고 싶은 사람은 꼭 실천해 보자. 일류 호텔은 당신이 이상적으로 생각하는 부자의 의식주를 모의 체험하기에 딱 좋은 곳이다. VIP를 만족시키기 위해 모든 것이 최적화된 장소를 멋스러운 차림으로 찾아가 그 환대를 피부로 느껴보고 어떤 점이 사람을 기분 좋게 하는지도 한 번 생각해 본다.

싸다는 이유로 사지 않기

'초특가! 안 사면 손해!' 이런 문구를 보고 충동구매하고 나면 금방 후회하기 마련. 싸다고 사들인 세일 상품, 곁들여 딸려오는 증정품, 경품 등 신중히 고르지 않고 이것저것 사들이다 보면 잡다한 물건이 쌓여 집의 에너지가 불협화음을 일으키고 조화가 깨져버린다. 평소부터 '미래의 나, 내가 살 집'의 이상적인 모습을 의식하여 그에 맞는 물건만 사는 것이 원칙이다.

아깝다며 모아두지 않기

선물, 사은품 등으로 원치 않게 들어온 물건은 마주한 그 순간 취사선택을 해야 한다. 내가 산 것이든 받은 것이든 생긴 그 순간 그 물건의 에너지가 가장 세다. 바로 사용하여 에너지를 활용할 것인가 기부나 재활용으로 남이 쓰게 할 것인가 결단을 내린다.

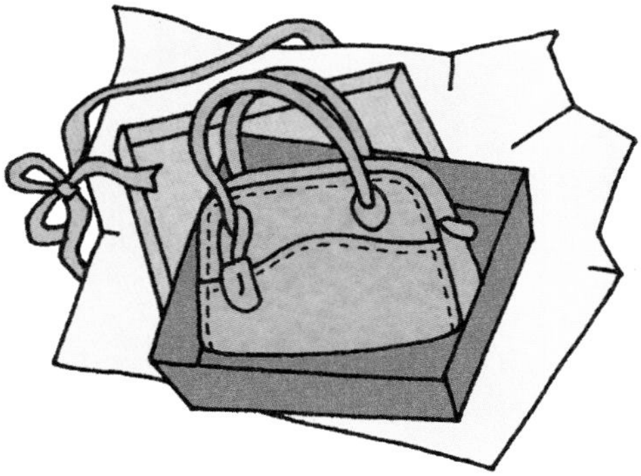

한 단계 업그레이드하기

'언젠가는 꼭 사야지'하고 생각했던 물건이 있다면 가끔은 과감하게 손에 넣어보자. 꼭 고급품에만 한정된 이야기가 아니다. 1000원 샵에서 물건을 고를 때도 '갖고 있긴 하지만 조금 더 좋은 것을 갖고 싶은데' 하는 것이 있었다면 과감히 사는 것이다. 그 물건의 가격이 중요한게 아니라, 지금보다 '한 단계 업그레이드 한다'는 것이 중요하다. 사소한 변화가 에너지를 끌어올린다.

Column

이미지가 갖는 힘

룸 테라피에서 가장 중요한 것은 '내가 어떤 미래를 손에 넣고 싶은가, 어떤 꿈을 이루고 어떻게 살고 싶은가'를 이미지화하는 힘이다. 비즈니스나 스포츠계에서 성공한 사람의 이야기를 들어보면 예외 없이 이미징(상상)과 관련된 이야기가 담겨 있다.

'생각을 현실화한다, 상상하지 못한 일은 이룰 수도 없다, 머릿속 생각이 현실로 나타난다…' 등.

능수능란한 상상력을 타고난 사람은 극히 드물고, 대부분의 우리는 어설픈 상상력의 소유자들이다. 하지만 상상력은 점점 키워갈 수 있다.

내가 추천하는 방법은 '이것이야말로 내가 꿈꾸는 인생'이라고 말할 수 있는 해피엔딩 영화를 반복해서 보는 것이다. DVD를 사서 방에 있는 동안 쭉 틀어놓는 것도 좋다. 몰입해서 보지 않아도 효과는 있다. 컴퓨터에 프로그램을 설치하듯이, 당신의 방에 당신이 꿈꾸는 인생 스토리를 설치한다는 느낌으로!

그리고 이제부터 내가 주인공이 되는 최고의 인생 스토리 영상을 눈을 감고 쭉 떠올려보자. 이때 기쁘고 즐겁고 행복한 감정을 충분히 만끽하는 것이 중요하다. 감정 없이 기계적으로 상상하는 것은 꿈 실현에 도움이 되지 않는다.

이 책의 마지막에는 나의 최고 인생 스토리를 상세히 이미지화할 수 있도록 워크시트를 마련했다. DVD를 반복해서 돌려보는 방법과 함께 꼭 실천해보자. 그리고 그에 맞게 룸 테라피를 몇 번이고 실행하여 꿈과 이상을 현실로 만들어보자.

Work 2

나아가고 싶은 방향을 정하고 인생의 해피엔딩을 그린다.

상상해보자. 당신이 이 세상을 떠나는 순간이 다가왔다. 먼 곳으로 여행을 떠나기 전, 인생을 되돌아 보며 후회할지도 모를 일을 적어 넣은 후 행복했던 일, 즐거웠던 일, 만족스러웠던 일로 바꾸어 써보자!

예 [나는, 가족과 친구들에게 아낌없이 사랑을 주고 사랑받는 행복한 인생을 살았다.
나는, 내가 좋아하는 마을에 넓은 집을 짓고 그곳에서 행복한 인생을 살았다.]

나는, 행복한 인생을 살았다.

나는, 행복한 인생을 살았다.

나는, 행복한 인생을 살았다.

나는, 행복한 인생을 살았다.

나는, 행복한 인생을 살았다.

나는, 행복한 인생을 살았다.

나는, 행복한 인생을 살았다.

나는, 행복한 인생을 살았다.

나는, 행복한 인생을 살았다.

나는, 행복한 인생을 살았다.

POINT 무엇이 있으면 내 인생이 행복해질까?
이것은 미래의 내가 현재의 나에게 보내는 편지가 된다.

Work 3

나의 꿈을 20초 내로 설명할 수 있는 문장을 써보자.

Work 1, 2를 수행하는 과정에서 내가 이 인생에서 무엇을 원하고 있는지 윤곽이 드러났을 것이다. 이제는 이 모든 것을 이룬 나의 생활상 전반에 대해 상상해보자. 언제, 어떤 집에서 살며, 어떤 일을 하고 누구와 어떠한 나날을 보내고 있는지를 한 문장으로 정리해보자.

예

20XX년 X월

나는 사랑하는 남자와 결혼하여 1남 1녀를 낳고 OO시 XX구에 있는 단독주택에서 살고 있다. 아픈데 없이 건강하고 넉넉한 생활을 누리고 있으며, 이 행복에 정말 감사함을 느끼고 있다.

년 월

나는,

이 행복에 감사함을 느끼고 있다.

POINT

초등학생도 이해할 만한 쉽고 단순한 문장, 정확한 글로 정리해보자.
깔끔하게 완성될 때까지 여러 번 고쳐 써도 좋다.

Work 4

내가 좋아하는 것과 싫어하는 것을 명확히 한다.

우리는 눈에 보이지 않는 행복과 풍요로움을 '사물'로 치환하면 더 상세하게 느낀다. 여기서는 내가 좋아하는 것과 싫어하는 것, 그리고 그 이유를 명확히 해봄으로써 행복으로 나를 이끄는 구체적인 요소를 가려내본다.

예

좋아하는 것	그 이유는?
빨간색	선명하고 아름답다.
술자리, 홈 파티	여러 사람과 맛있는 것을 먹으며 즐겁게 노는 것이 좋다.
싫어하는 것	**그 이유는?**
핑크색	너무 여성스러움을 강조하는 것 같다.
혼자서 밥 먹기	심심하고 쓸쓸하고 마음이 불안하다.

좋아하는 것 그 이유는?

싫어하는 것 그 이유는?

POINT

싫어하는 것 속에 숨어 있는 '진정한 바람'과
'사실 좋아하지만 피하고 있는 것'이 없는지 집중해서 찾아본다.

Work 5

나는 무엇을 할 때 가장 행복할까?

Work 4에서 적은 '내가 좋아하는 것' 리스트를 보며 내가 무엇을 할 때 가장 행복을 느끼는지, 행복의 본질을 찾아보자. 그 행복의 깊숙한 곳에 있는 나의 감정에 초점을 맞추고 그것을 글로 적어 곱씹어 보자.

예

나는, 좋아하는 음악을 들으며 아침 조깅을 하면 아침의 상쾌함이 몸속 깊숙이 느껴지고 건강해지는 느낌이 들어 행복하다.

나는, 좋아하는 사람들과 함께 맛있는 음식을 먹고 있을 때 따뜻한 인간관계를 실감할 수 있어서 행복하다.

나는,

행복하다.

나는,

행복하다.

나는,

행복하다.

나는,

행복하다.

POINT

싫어하는 것은 왜 싫은지,
그 이유도 행복의 힌트가 될 수 있다.

Work 6

마지막으로 한 번 더 꿈을 적어보자.

지금까지의 과정을 밟으며 당신의 꿈과 행복감도 꽤 선명해졌을 것이다. Work 1~5로 써내려간 내용을 쭉 살펴보며 나의 꿈은 무엇인지, 20초 만에 간략히 설명할 수 있는 문장으로 써보자.

년 월

나는,

이 행복에 감사함을 느끼고 있다.

꿈에 한발 더 다가가는 포인트 중에 '다른 사람 돕기'가 있다.
위에서 적은 꿈을 이루어 가는 과정에서 누군가에게 '고맙습니다'라는 말을 들으며 살기 위해서는 어떻게 해야 할까?
남을 돕는 아이디어를 윗글과 엮어서 마지막으로 정리해보자.

년 월

나는,

이 행복에 감사함을 느끼고 있다.

POINT 마지막으로 완성한 문장을 수첩의 맨 첫 장처럼, 늘 볼 수 있는 곳에 커다랗고 굵은 글씨로 적어두자.

나오며

당신의 행운을 빕니다!

여러분, 어떠셨나요?

2009년에 첫 책을 출간한 이래, 저는 행복한 인생을 만들어주는 〈정리, 청소, 방 개조의 기술-룸 테라피〉에 대해 전하며 살아왔습니다.

매일 일과 생활에 쫓겨 살다 보면 소중한 당신의 인생과 꿈, 도전에 대해 생각하기보다는 당장 절실한 '돈과 수입'에 대해 더 많이 생각하게 되지요. 그래서 '어떻게 하면 수입이 올라갈까?'를 고민하는 데에 많은 시간과 에너지를 쏟게 됩니다. 그래서 이번에는, 실제로 룸 테라피를 통해 비정기 수입이 생기거나 수입이 올라간 사람들이 많이 실천했던 방법들을 모아 여러분에게 전하고자 했습니다. 당장은 돈이 목적일지 몰라도 그 방향으로 나아가다 보면 당신의 꿈과 인생도 함께 잘 풀릴 거라 믿습니다.

비결은 단 하나, 즐기는 마음입니다!

이 책 속 모든 과정은 즐기며, 웃으며 실천해주시길 바랍니다.

이 자리를 빌려 먼 교토까지 몇 번이고 발걸음을 해주신 편집자 야마자키 에미 씨와 유능한 작가 이가라시 유키 씨에게 진심으로 감사 인사를 드립니다.

돈과 행운을 끌어모아 '내가 꿈꾸는 나'로 변신할 수 있는 룸 테라피를 더 많은 분에게 전할 수 있도록 이 자리를 마련해주신 것에 대해 정말 감사드립니다.

읽어주신 독자 여러분, 책 제작에 도움을 주신 여러분 모두에게 행운이 모여들고 꿈이 이루어지길 마음 깊은 곳으로부터 기원합니다.

만나서 반가웠습니다!

2014년 8월

야마다 히로미

'OKANE NI AISARERU! NEGAI GA KANAU! KAIUN-SOUJI-JYUTSU'
by Hiromi Yamada

돈과 행운을 부르는 정리의 비밀

초판 1쇄 발행 | 2015년 4월 17일
초판 6쇄 발행 | 2018년 2월 27일
지은이 | 야마다 히로미
옮긴이 | 이소영
펴낸곳 | 윌컴퍼니
펴낸이 | 김화수
출판등록 | 제300-2011-71호
주소 | (03174) 서울시 종로구 사직로8길 34, 1203호
전화 | 02-725-9597
팩스 | 02-725-0312
이메일 | willcompanybook@naver.com
ISBN | 979-11-85676-17-3 03190

잘못된 책은 바꿔드립니다.
책값은 뒤표지에 있습니다.

이 도서의 국립중앙도서관 출판시도서목록(CIP)은 서지정보유통지원시스템 홈페이지
(http://seoji.nl.go.kr)와 국가자료공동목록시스템(http://www.nl.go.kr/kolisnet)에서
이용하실 수 있습니다.(CIP제어번호: CIP2015009731)